"互动生成，内在建构"教学法

——结构化教学的探索与实践

柴晓龙　著

中国海洋大学出版社

·青岛·

图书在版编目（CIP）数据

"互动生成，内在建构"教学法：结构化教学的探索与实践/柴晓龙著. --青岛：中国海洋大学出版社，2024.10. --ISBN 978-7-5670-4009-0

I.G424.1

中国国家版本馆CIP数据核字第2024TL0263号

"HUDONG SHENGCHENG，NEIZAI JIANGOU" JIAOXUEFA

——JIEGOUHUA JIAOXUE DE TANSUO YU SHIJIAN

"互动生成，内在建构"教学法
——结构化教学的探索与实践

出版发行	中国海洋大学出版社	
社　　址	青岛市香港东路23号	邮政编码　266071
网　　址	http://pub.ouc.edu.cn	
出 版 人	刘文菁	
责任编辑	郝倩倩　杨亦飞	
印　　制	日照日报印务中心	
版　　次	2024 年 10 月第 1 版	
印　　次	2024 年 10 月第 1 次印刷	
成品尺寸	170 mm×230 mm	
印　　张	8	
字　　数	114 千	
印　　数	1～1000	
定　　价	38.00 元	
订购电话	0532-82032573（传真）	

发现印装质量问题，请致电 19819517156，由印刷厂负责调换。

目录

CONTENTS

第一章

引 言

在当今快速发展的教育领域，随着信息技术的不断进步和全球化趋势的加剧，传统的教育模式面临着前所未有的挑战。传统的"填鸭式"教学已难以满足现代学生的需求，他们渴望在互动、合作与探索中建构知识，发展自我。新课程改革以来，笔者带领团队紧跟时代步伐，聚焦课堂教学革新，师从华东师范大学吴亚萍教授等众多高校专家、名优教师，形成"结构化教学""关键问题设计""多维互动""教学资源推动教学进程"等教学理念，逐步形成基于学生自主建构的结构化教学法——"互动生成，内在建构"教学法，经过近30年不断探索、实践、研究、融合，内容日渐完善、丰富。本书旨在通过这种教学方式探索与创新，为一线教师创建更为丰富有效的结构化教学资源，切实实现学生能力的提高和核心素养的提升。

一、研究背景与动机

（一）研究背景

当前初中数学教育面临诸多挑战。首先，教学内容体系化偏弱，导致学生对数学学科整体感知不足，无法对数学知识进行整体性掌握，对知识运用更难以建立结构化链接，缺乏综合运用力和创新力。其次，教学方法单一，讲练为主的传统教学策略缺乏对学生主动思考和探索能力的培养，导致学生缺乏学习兴趣和动力，难以形成有效的数学思维。另外，初中学生处于身心发展的关键时期，个体差异性较大。采用统一的教学标准、进度和评价方式，难以兼顾不同学生的需求和差异。

（二）研究动机

1. 促进学生主动学习

我们希望通过结构化教学的方式，将知识以结构化的形式呈现给学生，引导学生主动探索、发现问题并解决问题。这种教学方式能够激发学生的学习兴趣，培养学生的自主学习能力和创新精神。

2. 实现知识的内在建构

我们认为，知识的获取不仅仅是简单地记忆和模仿，更重要的是学生能够在互动和合作中，通过自己的思考和实践，实现知识的内在建构。这种建构过程能够使学生更好地理解和掌握知识，提高知识的应用能力和迁移能力。

3. 培养学生的综合素质

我们希望通过结构化教学的方式，培养学生的综合素质，包括跨文化交流的能力、批判性思维、解决问题的能力等。这些能力是学生未来社会生活中必不可少的素质，也是教育者应该关注的重点。

4. 推动教育模式的创新

我们希望通过这项研究，推动教育模式的创新。传统的教育模式已经难以适应现代社会的需求，我们需要不断探索新的教学方法和模式，以提高学生的综合素质和创新能力。结构化教学作为一种新的教学模式，具有很大的潜力和优势，值得我们深入研究和实践。

二、研究目的与意义

结构化教学的实践研究是当前数学教育改革的一个重要发展方向。随着教育理念的不断更新和教学方法的多元化发展，如何更有效地促进学生的学习与发展，成为教育工作者关注的焦点。在这一背景下，"互动生成，内在建构"教学法以其独特的教学理念，为结构化教学的研究与实践提供了新的思路与方向。

（一）研究目的

1. 形成适合不同课型的教学方式

通过深入研究和实践"互动生成，内在建构"教学法，形成一种更加有效、更具吸引力的教学方式，提升学生的学习体验，提高学生的学习效果，促进学生全面发展，满足当前教育环境的需求。同时，总结出适用于不同学段、不同课型的结构化教学模式，为一线教师提供可操作的教学指导和建议。

2. 培养、提升学生的数学素养

通过深入研究和实践"互动生成，内在建构"教学法，培养学生的核心素养：通过这种结构化教学方法的创新，不仅传授学生知识，更重要的是帮助学生自主构建结构化的知识体系，掌握学法结构，提升学生的数学思维方式和高阶思维能力，为他们未来的学习和生活打下坚实的基础。

（二）研究意义

1. 理论意义

"互动生成，内在建构"教学法的研究有助于丰富和完善结构化教学的理论体系，为教育教学的改革与发展提供理论支撑。同时，通过深入研究该教学法的内涵与特点，可以进一步揭示教学过程中的师生互动、生生互动以及学生自我建构的规律，为教育教学实践提供理论依据。

2. 实践意义

（1）提高教学质量：通过实施"互动生成，内在建构"教学法，可以激发学生的学习兴趣，培养学生的自主学习能力、创新思维能力和问题解决能力，从而提高教学质量。

（2）促进学生全面发展：该教学法注重学生的主体性和参与性，通过师生互动、生生互动以及学生自我建构的过程，促进学生的知识、技能、情感态度和价值观的全面发展。

（3）推动教育教学改革：该教学法的研究与实践有助于推动教育教学改革的深入发展，促进教育教学理念、教学方法和教学评价体系的创新与完善。

第二章

"互动生成，内在建构"
教学法的理论基础

"互动生成，内在建构"教学法的核心理论基础是建构主义学习理论。当前国内外各级各类学校教学改革的关键在于能否突破传统的教学模式。这种"以教师为中心，教师讲，学生听"的教学模式既不能保证教学的质量与效率，也不利于培养学生的发散性思维、批判性思维与创造性思维，不利于培养具有创新精神和实践能力的人才。为了改变这种状况，国内外的许多教育工作者、教育学家、教育技术专家多年来从理论与实践两个方面做了大量的研究与探索，建构主义学习理论正是这种努力取得的主要理论研究成果。1903年教育心理学诞生以来，先后出现了行为主义、认知主义学习理论，建构主义学习理论是行为主义发展到认知主义以后的进一步发展，是一种认识论。随着信息时代的飞速发展，建构主义学习理论正愈来愈显示出其强大的生命力，并在世界范围内日益扩大其影响。

一、建构主义的渊源与历史发展

建构主义的起源可以追溯到古希腊哲学家苏格拉底，他通过"问答法"引导学生自主思考，并最终发现真理，这在一定程度上体现了建构主义的初步思想。然而，真正为建构主义奠定理论基础的是近代的哲学家和教育家。

18世纪末至19世纪初，康德和杜威等哲学家对建构主义思想产生了积极的影响。康德认为，知识不是外部世界直接给予的，而是人的思维对外部世界进行加工、整理和建构的结果。这一观点为后来的建构主义理论提供了重要的哲学基础。

进入 20 世纪，瑞士心理学家皮亚杰提出的"发生认识论"强调个体。该理论认为智力的发展是认知结构以个体方式不断建立的过程，并且认为知识表征的结构为图示，而学习是将原有的图示不断进行同化、顺应，经历过不平衡后最终达到平衡的过程。

苏联心理学家维果茨基对心理发展进行了深入研究，提出了文化历史发展理论，进一步丰富了建构主义的内涵。维果茨基认为，人类心理是在掌握间接的社会文化经验中产生和发展的，因此在儿童心理发展上，作为传递社会文化经验的教育起着主导作用。

维果茨基还提出了"最近发展区"的概念，认为儿童的心理发展存在两种水平：一种是现有发展水平，另一种是"最近发展区"，即儿童在成人帮助下所能达到的发展水平。这一概念的提出为教育提供了重要的启示，即教育应该关注儿童的"最近发展区"，通过提供适当的教学支持和引导，促进儿童心理的发展。

随着认知心理学和教育学的发展，建构主义理论逐渐得到了广泛的关注和应用。20 世纪 80 年代，建构主义学习理论开始在教育领域得到广泛传播和应用，成为教育改革的重要指导思想之一。

二、建构主义学习理论概述

（一）基本观点

1. 知识观

建构主义认为，知识并不是对现实世界的绝对正确的表征，它只是一种解释、一种假设，并非最终答案。知识是在学习者与环境的交互作用中逐渐建构起来的，而非通过教师的直接传授获得。同时，知识也并非以实体的形式存在于个体之外，而是需要学习者基于自己的经验背景进行理解和建构。因此，学习者在学习过程中需要对原有知识进行再加工和再创造，以适应新的情境和问题。

2.学习观

建构主义认为学习是学生在自身已有水平的基础上主动进行认知体系构建的过程，强调学习者的主动性和建构性。它认为学习是学习者基于原有的知识经验生成意义、建构理解的过程，而非简单地接受和记忆知识。学习过程涉及同化和顺应两种机制，同化是指学习者将新的信息整合到原有的认知结构中，而顺应是指学习者在面临新的信息时调整或改变原有的认知结构。此外，建构主义还强调学习的社会性和情境性，认为学习是在社会文化互动中完成的，需要学习者与他人进行交流和合作。

3.学生观

教学的首要任务就是要时刻确保学习者的主导地位，无论是课内还是课外。教师仅为各项数学活动的组织者，为学生搭好"脚手架"，组织学生进行合作性学习，及时给予方向性的指导意见，但不能直接代替学生的个体思维过程和动手实践。只有长久地保障学生在学习中的主体地位，才能培养其钻研精神，提高其学习能力。教师在教学的过程中，应该注重引导学生，使其可以主动参与到学习环节中，独立思考后再交流学习难题。

4.教师观

在建构主义的教师观中，教师应该尊重学生的个性和差异，以学生为中心，关注学生的需求和兴趣，帮助学生自主学习和发展。学习过程中，教师是学生学习的引导者和促进者，应关注学生的学习过程，帮助学生建立知识结构，促进学生的思维和学习能力的提高。通过创设积极、开放、支持和互动的学习环境，鼓励学生参与讨论、合作学习和自主探究，从而激发学生的学习兴趣和探究精神。教师应采用多种教学方法，以适应不同学生的学习需求，同时，还应该采用多种评价方法，帮助学生了解自己的学习成果和不足之处，促进学生的自我反思和自我提升。

5.教学观

建构主义的教学观强调以学生为中心的教学原则，认为教学过程应该是学生主动建构知识的过程。教师应该通过设计有意义的学习任务和问题情境，激发学生的学习兴趣和探究欲望，引导学生通过自主学习、协作学习和探究学习等多种方式进行知识建构。同时，教师还应该注重培养学生的批判性思维和创造性思维，帮助学生形成独立思考和解决问题的能力。

建构主义的基本观点强调了学习者在知识获取过程中的主动性和建构性，认为学习是学习者在一定的社会文化背景下通过意义建构的方式而获得的。这些观点对于"互动生成，内在建构"教学法的创新具有重要的指导意义。

（二）对学习的启示

在深入探讨建构主义理论关于学习的含义和方法时，首先需要明确，建构主义理论强调的是学习的主动性和建构性。这一理论的核心观点在于，知识并非简单地由教师传递给学生，而是学生在一定的社会文化背景下，借助他人的帮助，利用必要的学习资料，通过意义建构的方式而获得。

1.关于学习的含义

在建构主义理论下，学习被视为一个积极的过程，其中学习者基于他们已有的知识和经验，去理解和解释新的信息。这个过程中，学习者对新信息进行主动探索、思考和理解，最终形成自己的理解和知识。因此，学习的含义并不仅仅是获取新知识，更重要的是如何通过理解和建构新知识来丰富和发展自己的认知结构。

在建构主义理论中，"情境""协作""会话"和"意义建构"被认为是学习环境中的四大要素。情境指的是学习发生的具体环境，它应该有利于学生对所学内容的意义建构。协作则发生在学习过程的始终，对学习资料的搜集与分析、假设的提出与验证、学习成果的评价直至意义的最终建构均有重要作用。会话是协作过程中不可缺少的环节，学习小组成员之间必须通过会话商讨如何完成规定的学习任务。意义建构是整个学习过程的最终目标，帮助学生对当前学习内容所反映的事物的性质、规律以及该事物与其他事物之间的内在联系有较深刻的理解。

2.关于学习的方法

在建构主义理论指导下，学习的方法强调学生的主动性和参与性。教师应该创设有利于学生进行意义建构的情境，引导学生通过协作和会话的方式，共同探讨和解决问题。此外，教师还应提供足够的学习资源，支持学生进行自主学习和探索。

学习过程具有但不限于以下几个特点：

（1）思考探究的特点：学生通过提出问题、收集资料、进行实验或观察等方式，主动探索并建构知识。

（2）互动合作的特点：学生分组进行学习，通过讨论、交流和协作，共同完成任务，促进彼此之间的知识共享和互补。

（3）情境学习的特点：将学习与现实生活情境相结合，让学生在真实的情境中学习和应用知识。

（4）问题解决的特点：学生围绕一个具体的问题展开学习，通过实践、研究和创新，完成该问题并进行过程、方法的展示。

建构主义理论关于学习的含义和方法强调了学习的主动性和建构性，以及学生在学习过程中的主体地位。教师应该尊重学生的学习经验和兴趣，创设有利于学生进行意义建构的学习环境，提供多样化的学习方法和资源，以培养学生的创新精神和实践能力。

第三章

"互动生成，内在建构" 教学法概述与关键策略

一、"互动生成，内在建构"教学法的设计原则

"互动生成，内在建构"教学法是一种以学生为中心，注重师生互动、生生互动，并强调学生内在知识建构和学法建构的教学方法。该教学法旨在通过创建积极、动态的学习环境，引导学生主动探索、合作交流，实现知识的自我生成和内在建构。以下是该教学法的设计原则。

（一）以学生为中心，注重内在建构，培养自主学习能力

"互动生成，内在建构"教学法的设计首要原则是以学生为中心，尊重学生的主体地位，关注学生的个体差异和兴趣需求。在教学过程中，教师应充分激发学生的主动性和积极性，引导学生主动地参与学习、思考和探索，强调学生建构知识体系和学习结构的过程。在教学过程中，教师还应注重引导学生通过自身的思考、探索和实践来建构知识，而不是简单地接受和记忆知识。同时，培养学生的自主学习能力，帮助学生掌握有效的学习方法和策略，使学生能够独立思考、自主学习。

（二）以互动为载体，捕捉有效资源，发展高阶思维能力

互动是"互动生成，内在建构"教学法的核心要素之一。学生进行思考讨论、合作探究等活动，在互动中相互学习、相互启发、相互支持。通过生生互动，学生可以共同解决问题、分享学习成果、培养合作精神和团队意识。通过师生互动，营造平等、和谐的课堂氛围，鼓励学生大胆提问、表达观点，教师适时给予学生反馈和点拨，帮助学生深入思考，鼓励学生进行创新思维和创

造活动，解决学习中的困惑和问题，实现高阶思维能力的提升。

（三）创设真实情境，激发探究欲望，提升数学核心素养

真实情境是"互动生成，内在建构"教学法的重要载体。教师应在教学中根据学生的认知水平、兴趣需求和学习基础，创设具有挑战性和启发性的真实情境，激发学生的探究欲望和好奇心。通过真实情境的创设，学生可以更加深入地理解和掌握知识，实现知识的有效生成，培养应用意识和创新精神。教师还应引导学生从不同角度、不同层面思考问题，提出新颖独特的见解和解决方案。教师要以接地气的方式培养、发展学生的数学核心素养。

（四）关注学习过程，突出多元评价，促进全面持久成长

多元评价是"互动生成，内在建构"教学法的重要保障。多元评价既包括学习过程中的评价和学习过程后的评价，也包括量化评价和质性评价。在学习过程中，鼓励学生积极探索、主动思考，关注学生在学习过程中的表现，采用多元化的评价方式和方法，关注学生在知识、技能、情感态度和价值观等方面的全面发展。通过学习后的多元评价，教师可以更加全面地了解学生的学习情况和需求，及时调整教学策略和方法，促进学生全面、持久地发展与成长。

二、"互动生成，内在建构"教学法的实施框架

（一）基本逻辑流程

"互动生成，内在建构"教学法的基本流程是"（将精心设计的）核心问题（放给学生）——（师生通过）多维互动（的探究方式）——（让学生）内在建构（知识体系和学法结构）——（并）生成发展（解决真实情境的高阶思维能力）"，其逻辑流程见图 3-1。

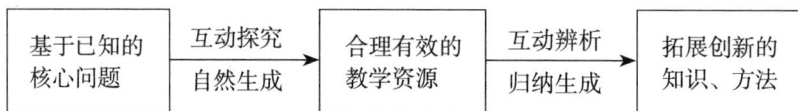

图 3-1 "互动生成，内在建构"教学法逻辑流程图

（二）概念界定

1. 互动生成

互动生成是指师、生依托核心问题，采取多维互动的教学策略，生成新知的动态交流过程。在这个过程中，教师和学生共同参与，通过对话、沟通和合作活动，产生交互影响，从而推进教学活动。

（1）核心问题：核心问题是基于学生已有知识、学习经验，指向本节课生成新知识、新方法的问题，是依据建构主义学习理论中的最近发展区理论，在学生现有的发展水平和可以达到的水平之间搭建支架、桥梁的问题。核心问题一般具有基础性、关联性、探究性特点。

①基础性：核心问题的知识要求和能力要求设计要符合班级学生的实际学情，能够面向全体形成教学资源，学生能够全员参与。

②关联性：核心问题的设计要基于旧知，指向新知；基于知识，指向能力；基于单一能力，指向综合能力；基于已有能力，指向新能力，最终要落在数学的核心素养上。

③探究性：核心问题的背景要源于真实情境，体现思维的广度和深度，充分呈现学生的思维能力差异，能够形成推动学习真实发生的有效教学资源。

（2）多维互动：多维互动包括动脑、动口、动手，师生互动、生生互动，小组互动、班级互动，是让学生在活动中发现问题、提出问题、分析问题、解决问题，教师在活动中发现学生出现的问题，分析学生出现的问题，紧抓其中的有效教学资源、推动探究真实进行的整体过程。

2. 内在建构

内在建构指的是学生通过个人思考、经验整合和主动探索，对新知识进行理解、吸收和转化的过程。这一过程强调学生的主体性，鼓励学生自主构建知识体系和学法结构，关注学生学法结构持续发展和解决真实情境的高阶思维能力的培养，形成适合自己的有个性的认知结构和思维模式。通过内在建构，学生不仅能够掌握学科知识，还能培养批判性思维，提高创新能力，养成终身学习的习惯。

（三）教学法实施框架

1. 教学法实施框架

基于"互动生成，内在建构"教学法的逻辑流程，本书针对初中数学课堂教学形成了基本教学模式，设计为五个环节，分别为情境引入、新知探究、新知应用、新知拓展和建构体系。情境引入是从真实情境入手，引出新的概念，突出知识衔接；新知探究采取多维互动探究，生成新的概念，突出探究过程；新知应用采取多维互动探究，应用新的概念，突出综合应用；新知拓展采取多维互动探究，拓展新的概念，突出能力方法；建构体系采取多维互动归纳，突出知识、方法建构，突出核心素养的提升。评价作为多维互动的自我激励手段和建构体系的效果反馈方式，贯穿教学全过程。

情境引入设计可以从数学情境引入，为新知探究铺垫知识体系和学法结构；可以从生活情境引入，形成数学模型，为新知探究提供资源；可以从真实问题引入，在解决问题的过程中，发现已知的局限性，感受新知探究的迫切性。探究新知、应用新知和拓展新知为教学主环节，教师应分别设计一个核心问题，采取多维互动方式进行探究式学习。建构体系采取互动辨析，分类归纳，从知识上建构知识体系，从学法上建构学法结构，从能力上建构核心素养。评价分为过程性评价（量化评价）和总结性评价（质性评价），可以采取表格的形式。

2. 实施框架流程图

"互动生成，内在建构"教学法实施框架流程具体如图 3-2 所示。

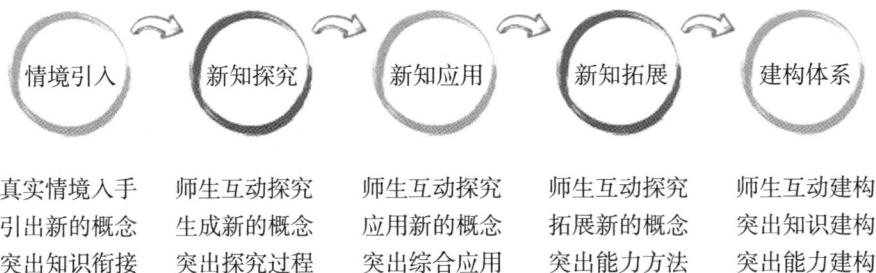

情境引入	新知探究	新知应用	新知拓展	建构体系
真实情境入手 引出新的概念 突出知识衔接	师生互动探究 生成新的概念 突出探究过程	师生互动探究 应用新的概念 突出综合应用	师生互动探究 拓展新的概念 突出能力方法	师生互动建构 突出知识建构 突出能力建构

图 3-2 "互动生成，内在建构"教学法实施框架流程图

3. 量化评价、质性评价参考用表

具体如表3-1、表3-2所列。

表3-1　量化评价参考用表

评价项目	评价因素	评价记录	备注
个人评价	在组内提出或回答问题		
	在全班进行课堂展示交流		
小组评价	参与班级课堂展示		
	全员快速、准确地完成课堂练习		

（注：用画"正"字的方式自主完成，每参与一次划一道杠，有特殊情况记录在"备注"）

表3-2　质性评价参考用表

今天你做到了吗？	熟练掌握	基本掌握	不会
核心知识点1			
核心知识点2			
……			
对自己今天在数学课堂上的表现满意吗？说明理由。			
所在小组今天表现最好的两位同学是谁？说明你的推荐理由。			
我的疑惑（希望老师在哪些方面提供帮助）			
教师寄语			

（四）实施教学法的关键策略

1. 数学教学的整体观

"互动生成，内在建构"教学法作为结构化教学的一种具体实施方式，必然依托于数学教学的整体观，可以说数学教学的整体观是真正实现结构化教学的前提。

从数学教育的视角看，数学整体观是以数学知识体系的联系与结构为出发点，以知识中蕴含的数学思想与方法的联系为核心，通过教与学的整体安排与推进，促使学生整体把握数学知识、整体考虑数学问题的一种教学观念。由此，数学整体观应包含知识整体观、学生整体观以及教学整体观三个方面。

知识整体观包含知识结构的整体性、逻辑的连贯性、思想方法的一致性等。知识结构的整体性主要是指数学知识是一个有机的完整体系，每一个知识点都有独特的背景与关系网络，在学习知识时不能只聚焦于某一个知识点，而要放宽视野，从更宏观的角度认识知识，才能了解知识的本质、联系和区别。逻辑的连贯性是指教师在教学过程中总是遵循着从简单到复杂、从一般到特殊的研究思路，那么当研究某一知识时，教师可以联系与之关系密切的旧知识，对其研究思路进行类比或同构，以帮助学生建立逻辑思维上的连贯性。思想方法的一致性则强调在研究解决数学问题的方法时，应引导学生形成一般性的策略，即通性通法。学生整体观主要考虑学生学习的整体性。在教学实践中，教学对象的实际情况是决定教学实施效果的关键因素。只有基于学生的实际认知发展情况，合理选择教学方式、设计教学活动等，才能使学生的学习形成一个完整的整体。教学整体观包括教学目标的整体性、教学过程的整体性以及教学方法的整体性。

具体到一节数学课，只有整体性建构初中数学的知识体系，才能明确一节课的知识在整体结构中的位置；只有从整体上建构出初中数学的学法结构，才能知晓一节课的学法结构来自哪里、去往何方，才能明确一节课情境引入的知识基础和学法基础；建构体系要用哪种方式，建到何种程度，只有从整体建构出知识、形成能力、培养核心素养，才能设计核心问题的知识梯次和能力层次，让核心问题指向核心能力和核心素养。

需要特别说明的是"单元整体"不等同于"整体观"。单元整体教学要求将单元当作一个整体，重视单元内各知识点之间的关联以及单元之间的联系。但整体观基于教师的眼界，可以是单元整体，可以是初中数学整体，可以是义务教育阶段的数学整体，亦可以是小初高的数学课程整体，这意味着整体观涵盖了单元整体思想，但愿景可以更高。

2. 核心问题的设计

核心问题是依据建构主义学习理论中的最近发展区理论，在学生现有的发展水平和可以达到的水平之间搭建支架、桥梁的问题，它指向的是核心知识、核心能力和核心素养，具有基础性、关联性、探究性特点。较之传统教学中"你问我答"的细碎问题，这里的难度适宜、前后衔接的核心问题，是本教学法在教学设计方面与传统教学法的最大不同，同时也是实施本教学法的前提和根本所在。

核心问题应采取"大问题"的设计，在突出真实问题的同时，采取"一题多解""一题多问""一题多变"的方式，通过一个高质量的问题背景，生成更多的知识、能力。采取"大问题"的设计是因为问题如果细碎、简单，学生往往不需要太多思考，就可以轻易地给出正确答案，课堂上就会出现教师不断地问、全体学生不停地答的情况，无效劳动多，课堂效率低，教师累，学生也累。另外，教师把一个有价值的"大问题"分解成若干个"小问题"进行解决，锻炼的究竟是谁的思维？培养了谁的分析能力？由此可见，零碎小问题的教学设计必然导致死板、封闭的教学，它反映出教师控制学生按规定路线机械性掌握知识的愿望。相对而言，高质量的"大问题"更能激发学生产生解决问题的内驱力，并形成深层次思考的意识与习惯。

核心问题的设计要关注学生的基础性状态。教师对学生潜在状态和发展需要的解读越清晰，问题设计就越具有切入性，越能够发现和捕捉不同学生解决问题过程中不同的思维状态，从而生成有效的教学资源。

核心问题的设计要关注学生通过发现、选择、重组等方式获取和形成知识的过程性状态，教师对学生利用各种资源的情况的判断越准确，就越能够形成生生、师生的有效互动，促进学生认知结构的自然生成和思维水平的自觉提升。

核心问题因相对复杂而具有一定的挑战性，需要学生检索已有知识和调用已有经验来解决问题，需要一定的思考时间和思考力度。因此，核心问题的设计给教师的教学提出了新的要求：第一，要留给学生思考和解决问题的时间和空间。第二，要相信学生具有解决问题的潜能，为每个学生提供独立思考解决问题的机会。

核心问题可以是概念讲解课型中大量学习素材的分类问题，可以是运算法则讲解课型中运算类型的分解问题，也可以是性质、判定探究课型中结合图形定义提出的全面猜想的问题等。

3. 实施教学法的"放"与"收"策略

本教学法的实施关键在于做好"互动""生成""建构"的过程。而做好这些过程的关键在于是否真正做好、做透"放"与"收"这两个环节。

所谓"放"，就是把核心问题真正"放下去"，使每个学生都可以进入需要解决问题的状态中去。所谓"收"，就是把学生解决问题的不同状态和生成的相关资源"收上来"，进行有效的整理、归纳，自然形成新的知识结构和学法结构。一次"放"和"收"的过程组成一个完整的教学环节。在此过程中，教师不仅要有"放""收"的思考，还要有融数学知识（能力）形成于问题解决的过程之中的综合思维方式。

"放"，强调教学的"重心下移"，使每个学生都能够独立地面对问题，并参与到解决问题的过程之中。这样，教学就有可能对学生的各种资源进行深度开发。"放"的目的在于：一是要改变个别学生"替代思维"的现象，使教学的重心从面向个别学生下移到面向全体学生，也就是使全体学生"动"起来；同时改变学生信息和资源贫乏的现象，使不同学生都有解决问题的可能，而这些又恰恰是师生互动中不可缺少的"教学资源"。二是要改变教学缺乏针对性的现象，只有"放下去"，才有可能从学生生成的基础性资源中解读出学生的初始状态，使教学有可能贴近学生的实际，并且在学生初始状态的起点上促进变化和实现发展。因此，"重心下移"是教学真实互动、生成的关键。如果没有教学重心的"放下去"，就不可能有教学过程的真正的"收"。

"收"，强调教学的"资源回收"，把学生解决问题的不同状态和相关资源"收上来"，使学生生成的基础性资源能够成为生生、师生的互动性资源。这样，教学就有可能对学生的各种资源进行有效利用。"收"的目的在于改变教学"视而不见"的现象，使教师从只关注正确的答案，转换到重视学生的困难分析和错误解读，把学生有教育价值的错误作为教学的重要资源，同时改变教学"走过场"的现象，使教师从只关注结果的呈现，转换到重视学生思维状态中相关信息的捕捉，把学生思维过程的展现作为教学的重要内容，把学生思维水平的提升作为教学的重中之重，使学生解决问题的能力与思维水平不断得到发展。因此，"资源回收"是有效互动、生成的保证。

从教学形式上来说，可以按照两个层次"收上来"：第一个层次，是把反映学生思维层次差异的资源同时呈现出来，通过小组讨论的方式形成学生之间的互动；第二个层次，是在小组讨论的基础上，通过全班交流的方式形成生生和师生的互动。

从教学内容上来说，可以按照以下几个层次进行逐层提升。第一个层次，引导学生讨论问题解决过程的正确与否，解读和比较解决方案的异同，使学生在比较中感悟和体验丰富的不同；第二个层次，引导学生理解不同方案形成过程中的思路和理论支撑，寻找问题解决的一般方法或规律，使学生在比较中提炼和抽象原则；第三个层次，引导学生对不同方案之间的内在联系进行沟通，使学生在比较中生成和提升认识。无论是"放"还是"收"，它们都是本教学法实施过程中不可缺少的重要组成部分，"放"是教学资源生成的过程，"收"是教学知识、方法生成的过程。因此，"放"与"收"之间具有密切的内在关联性，"放"是为了"收"得更有针对性，"收"是在"放"的基础上的发展和提升，从而使学生能够自然拓展知识结构，自觉提升学习能力。

核心问题"放"给学生后，因学习基础、学习能力的差异会带来大量的教学资源，故如何区分教学资源的有效性，避免无效资源割裂教学进程，将有效资源挖深、挖透是我们要剖析的问题。经过我们团队的研究，这三种资源是有效教学资源——能推进教学进程的资源，能拓展学生知识、学法的资源和教师对学生出现的群体性问题的认知。

大量实践研究中，核心问题"放"给学生后，常出现五种有效教学资源，对应的处理方式如下。

（1）出现旧知错误，进行互动性介入，针对错误进行旧知补救教学，保证探究基础。

（2）出现难点阻塞，进行互动性点拨，针对难点进行思维点拨，打通真正的难点。

（3）出现多种方法，进行互动性比较，针对方法进行班级互动，做好方法多样性和最优化的平衡。

（4）出现多种结论，进行互动性加工，针对结论小组合作，去伪存真，追求正确结论和探究方法。

（5）生成新的知识而学生感受不到，进行互动性追问，针对新知与旧知的关联和异同，形成知识结构和学法思考。

第四章

"互动生成，内在建构"教学法在
"数与代数"教学中的应用

一、"数与代数"的整体结构

以《义务教育数学课程标准（2022年版）》（以下简称《课程标准》）为研究范围，其"课程内容"第四学段将"数与代数"分为三个分支，共有49个知识点（含选学内容）。其中，数与式有22个知识点，包括有理数5个知识点，实数8个知识点，代数式9个知识点；方程与不等式有11个知识点，包括方程与方程组8个知识点，不等式与不等式组3个知识点；函数有16个知识点，包括函数的概念5个知识点，一次函数4个知识点，二次函数4个知识点，反比例函数3个知识点。

细化分析"数与代数"的知识点，除"代数推理"单独列出一个知识点外，包含概念的知识点有18个，包含性质的知识点有10个，包含运算的知识点有17个，包含问题解决的知识点15个（部分知识点的描述有重叠，包含概念、性质、运算和应用），突出体现了初中数学核心素养主要要求的抽象能力、运算能力、几何直观、推理能力（代数推理）、模型观念、应用意识、创新意识。

根据整体分析可以看出，"数与代数"新授课型主要包括概念形成课，性质（图象与性质）探究课，运算（解法）研究课，实际（数学）问题解决课。这就需要教师在掌握"互动生成，内在建构"教学法基本流程的基础上，根据授课内容、课型的不同，在使用本教学法的同时，进一步细化、调整的教学策略。

"数与代数"从纵向主线来看，"数与式"的知识内容包含概念、性质、运算、应用，在教学时教师的教学设计和学生的学习路径可以建立起一定的学法结构，即研究"数与式"这部分的知识内容，我们遵循"概念→性质（特点）→运算→应用"的结构进行学习；"方程与不等式"的知识内容包含概念、性质、运算、应用，在教学时教师的教学设计和学生的学习路径，可以建立起一定的学法结构：①研究"等式"和"不等式"的知识内容，我们遵循"概念→基本性质→应用性质求解（集）"的结构进行学习；②研究一元一次方程等具体方程（组）和不等式（组）知识内容时，我们遵循"概念→解法→应用（包括解决数学问题和解决生活问题）"的结构进行学习；"函数"的知识内容包含概念、图象与性质和应用，在教学时教师的教学设计和学生的学习路径如下：①研究"函数"知识内容时，我们全面建构函数的三种不同表现形式，并从这三种表现形式的具体特点中归纳出函数的定义，以及定义的内涵和外延；②研究一次函数等具体函数知识内容时，我们遵循"概念（包括一般式及简化形式）→表格→图象→性质→应用（包括解决数学问题和解决生活问题）"的结构进行学习。

"数与代数"整体纵向结构图如图 4-1 所示。

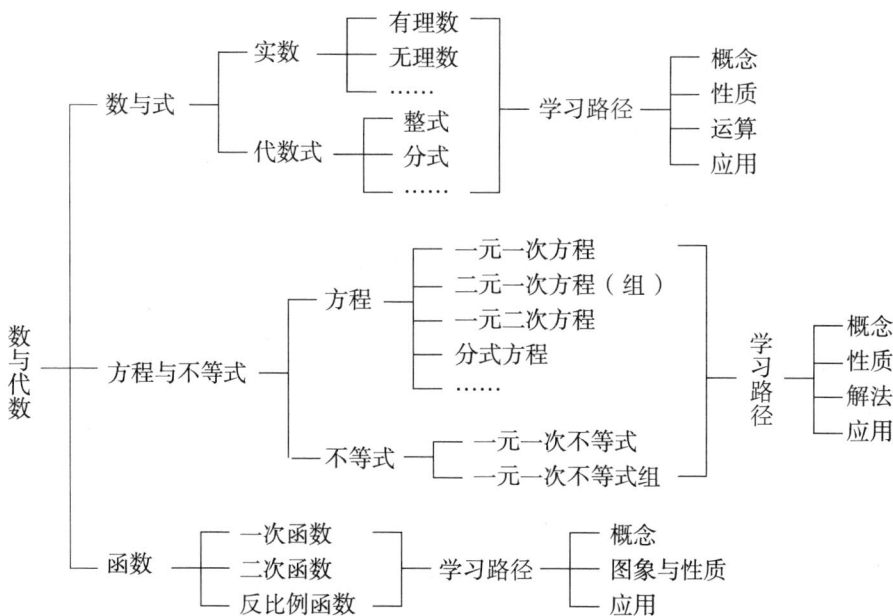

图 4-1 "数与代数"的整体纵向结构

"数与代数"从横向主线来看，知识内容包含概念、性质（图象与性质）、运算（解法）、应用四个主要部分，每个部分都具有自己的学法结构特点和教学法的细化教学策略，将在下文中进行详细介绍。

一横一纵两条主线，知识、能力、素养三层要求，形成一个整体的立体教学（学法）结构，站在高位俯瞰每一个教学单元和教学课时，都应服务于这个教学整体的学法结构，帮助学生形成结构化的学习视角和学法结构，更高效地进行数学学习。

二、"数与代数"概念课型篇

数学概念是反映现实世界的空间形式和数量关系本质属性的思维形式。它是数学教学的核心，是学生构建数学基础知识的基石，也是学习数学定理、数学命题等其他数学知识的前提。李邦河院士认为数学是玩概念的，技巧不足道也；心理学家林崇德说，讲清楚数学的基本概念是教学的重点，概念知识是数学基础知识的重心，像数学定义、定理、法则、公式等都含有各自特有的数学概念。

数学概念是数学学习的基石，其教学对于数学学习的重要性不言而喻。在数学的广阔领域中，每一个公式、定理和法则的推导与应用，都建立在清晰、准确的概念理解之上。

首先，数学概念是数学语言的基本元素。它们为我们提供了描述数学现象、表达数学思想的工具。其次，数学概念是数学思维的起点。通过概念的学习，我们可以逐步培养逻辑思维能力、抽象思维能力和归纳推理能力。再者，数学概念是数学知识体系的骨架。在数学学习的过程中，我们需要不断地将新的知识点与已有的概念进行联系和整合，形成完整的知识网络。只有概念清晰、体系完整，我们才能更好地理解和应用数学知识。数学概念的学习还有助于培养学生的数学兴趣和自信心。通过探索概念的内涵和外延，学生还能在学习过程中掌握数学思想方法，积累数学活动经验，发展自身数学抽象、逻辑推理等数学核心素养。

（一）教学法细化实施策略

通过上一节的分析，我们可以发现"数与代数"中包含有理数、实数、代数式、整式、分式、一元一次方程、二元一次方程、一元二次方程、分式方程、一次函数、二次函数、反比例函数等核心概念。这些核心概念既有作为"数与代数"领域概念的共同特点，又有从"有理数→实数、代数式→整（分）式，方程→不同方程、函数→不同函数"的概念形成的层次关系。基于此，对于概念部分有两类不同的教学（学法）结构：①对于基础概念，如有理数、代数式、方程、不等式、函数，我们采取生活情境获取大量教学资源，引导学生观察它们的相同之处，通过"聚类"的方式概括出它们的特点，归纳概念。②由基础概念生成的概念，如一元一次方程、二元一次方程、一元二次方程，我们采取由生活情境获取大量基础概念的教学资源，如通过生活情境获取大量方程资源，引导学生观察众多方程的不同之处，通过"分类"方式找出每类方程的"与众不同"，通过概括每类方程的特点，归纳概念。

应用教学法的逻辑结构图如图 4-2 所示。

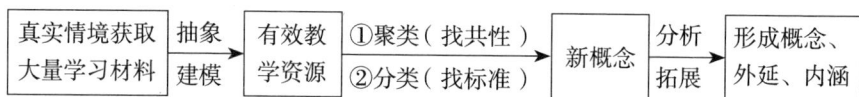

图 4-2 "数与代数"应用教学法的逻辑结构

在以上教学设计的基础上，对于由基础概念生成的概念，如二元一次方程（组），我们还可以补充概念生成的层次，运用本教学法进行教学过程设计。如对于二元一次方程（组）概念的教学，我们可以在问题情境的基础上，发现已有知识（算术法、一元一次方程）解决问题的局限性，探寻解决之路，引出设两个未知数的方法，得到二元一次方程（组）的具体形式，回扣前期学习一元一次方程的分类命名过程，从而归纳形成二元一次方程（组）的概念。

（二）"数与式"板块概念教学策略

以"认识有理数"为例，式的概念是建立在数的基础上的，而数的概念由有理数开始建立，有理数的概念是初中阶段"数与代数"中最基础的核心概念。初中数的知识是在小学数的知识基础上展开的。一方面，从算术数到有理数，数的表示范围扩大，进入了抽象领域，一个有理数可以由两个信息组合表示：数量与符号。另一方面，有理数也是进一步学习代数式、方程等知识的基础。负数的产生，一是由于生产和生活的需要，如表示企业的盈余与亏损，某一时刻的之前与之后，温度计0℃以上与以下等，都需要表示两种具有相反意义的量的正数和负数。二是从数学本身讲，在非负有理数集里，减法运算并不是总能实施，所以必须引入一种新数——负数，将非负有理数集扩展到有理数集。

本课时作为认识有理数的第1课时，从对生活中具有相反意义的量进行表示的角度引入负数，并列举生活中的用正数和负数表示的实例，让学生体会负数引入的必要性，进一步认识负数，由此带来数系的扩张，在对所学数进行分类的基础上归纳出有理数的概念。为后续研究相反数、绝对值和数轴等内容奠定基础。

首先，帮助学生统一小学学习的自然数、小数、分数、百分数等各种不同的数，归类为自然数（正整数和零）、分数（正分数），由生活中大量具有相反意义的量得出数值（绝对值）相同、意义相反的数，聚类获取有理数的概念。然后，由勾股定理获取大量非有理数的数，聚类获取无理数概念，归纳其特点，形成实数的概念。

（三）"方程与不等式"板块概念教学策略

方程（不等式）是刻画现实世界数量关系的有效模型，是将众多现实问题"数学化"的有效工具，是"数与代数"领域的重要内容，是培养抽象能力、建立模型观念、落地核心素养的重要载体。

1. 以"一元一次方程"为例

一元一次方程是学生学习的第一个具体的方程，它的命名是所有多元方程、高次方程命名的基础，它的解法是初中所学所有方程解法的基础，所以一元一次方程的教学在方程教学中处于核心位置，它的概念教学相当于方程（不等式）整体教学的起始课。

对于一元一次方程的概念形成可以类比"式"的概念，在小学等式、方程的知识基础上，首先由大量真实情境获取大量的方程，对不同的方程进行分类，获取不同类型的多类方程，再聚类每类方程的特点，概括、归纳、命名每类方程，形成方程的学习体系，在今后的学习中不断补充、完整这个知识体系。"不等式"的概念可以类比"方程"进行教学。

学生通过动脑、动口、动手，在互动活动中进行分类、聚类和探究。教师走近学生，及时发现和捕捉学生出现的问题，紧抓生成的教学资源，推进教学，让学生自主生成一元一次方程的概念，并在一元一次方程解的学习中产生新的思考和探究方向。

2. 以"二元一次方程"为例

二元一次方程（组）作为多元方程（组）的一类代表，承前于整式和一元一次方程的学习，启后于分式方程、一元二次方程等研究。它不仅打开了多元方程消元转化求解的思路，还将方程组的解与一次函数图象的交点链接，它蕴含的研究方法、知识结构、活动经验、育人价值，对整个"数与代数"领域的学习都起着重要作用。

本节课是"方程"大概念下一元一次方程教学后的承接课，又是二元一次方程组单元的教学起始课，它承载着结构延伸和方法链接的重要功能，通过丰富的实例，建立二元一次方程（组），抽象、聚类、归纳生成基本概念，渗透模型观念和化归思想。本节课采用了"互动生成，内在建构"教学法。教学过程中始终秉承以生为本理念，承接一元一次方程的学习经验和知识结构，遵循二元一次方程（组）产生和发展的自然生成，让学生在开放互动的氛围中习得知识，内化探究新问题的分析路径。

学习方法上鼓励学生进行知识生成的深度思考，打破概念学习时被动接受的学习状态，获得研究新知识的方法和路径，感受概念产生的必要性和现实性，形成有条理的思考能力和探究意识。

课例：二元一次方程（组）

一、课时目标

通过对实际问题的分析，进一步体会方程是刻画现实世界的有效数学模型；了解二元一次方程、二元一次方程组及其解等概念，并会判断一组数是不是某个二元一次方程组的解。

二、教学过程设计

第一环节 情境引入，结构关联

【教学内容】

（一）创设情境

数学家笛卡尔曾说过，一切问题都可以转化为数学问题，人类文明发展至今离不开数学。千百年的数学发展中，无数伟大的数学家一直在不断地努力探索。古希腊时期，数学家们之间流传过一个非常经典的数学问题，我们就由这段经典的老牛和小马的对话开启今天的数学之旅。

【设计意图】以古希腊时期欧几里得的一个经典题目开篇，微调了原题目个别词语的表述方式，以日常生活的场景呈现相同的关系要义，旨在激发学生的探究兴趣，建立数学与生活的链接，同时还承载了知识与方法结构关联的重

要功能。

【教学策略】开篇点出数学家笛卡尔的一句话，建立生活与数学的链接，简单阐述数学发展中数学家们的探究精神，激发学生的学习兴趣，鼓励学生沿着先哲们的足迹开启数学探究之旅。

（二）探究新知、生成概念

内容1：梳理关系、唤醒元认知

（1）你是怎么理解这段对话的？你能找到哪些数量之间的关系？与同伴进行交流。

（2）基于以上信息，你能提出什么问题？

（3）你能求出老牛和小马各驮了多少个包裹吗？试一试。

【设计意图】让学生经历从现实情境到自然语言的表达过程，梳理问题中的数量及数量之间的关系，这是一次重要的数学与抽象，也是方程建模的关键。

【教学策略】与同伴交流，抽象出各数量之间的关系，尝试提出问题，并运用以往的学习经验解决问题。教师将学生多样化处理方式呈现在白板上，唤醒不同层次学生的元认知，同时梳理知识结构。

内容2：比对分析、体会优越性

（1）这二种方法所用的什么知识？

（2）你是怎么思考的？请分享你解决问题的方法。

（3）什么是一元一次方程？

（4）为什么大家几乎都选用一元一次方程解决这个问题？

【设计意图】通过算术法与方程方法的比对分析，让学生直观感受代数方法的优越性，唤醒学生一元一次方程的学习经验，从知识明线和方法暗线角度为新知识学习做好奠基。

【教学策略】巡视时教师要发现学生不同的处理方式，尽可能多样化地呈现并进行展示交流。算术法列式简单但思维含量大，一元一次方程过程稍显复杂但是思维简单。教师要通过递进的问题，引导学生回顾一元一次方程的知识结构、反思抽象建模的过程，发现潜意识选择背后的数学思考，体会算术到方程的优越性。

内容3：观察思考、感受必要性

（1）观察与思考：当设牛的包裹时，其表示就简单；当设马的包裹时，它的表示也简单。是否可以把它们两个都设成未知数呢？试一试。

（2）你是怎么思考的？请分享你的方法。

（3）设两个未知数与设一个未知数相比，哪种方式列方程更简单？为什么？

【设计意图】尽可能多样化呈现学生资源，直观展现二元一次方程的建模过程，自然生成二元一次方程引入的必要性。打破传统以告知为主的概念教学模式，让学生在浸润中自发地体会到新概念产生的必要性。

【教学策略】不同设未知数的方法，都贴在白板对应位置上，积累生成性资源。借助等量关系解释方程建模时，直观展现两个数量关系分别建立两个方程的建模过程，将抽象的建模过程显性化、可视化，学生顺其自然地感受到学习二元一次方程组的必要性，同时增强了建模能力。

（三）走进生活

1. 你能找出等量关系，设未知数并列出方程吗？

2. 你是怎么思考的？请分享你的方法。

【设计意图】进一步丰富"现实情境—抽象模型"的实践经验，感受二元一次方程引入的必要性和现实性。

【教学策略】学生在老牛和小马的问题中已经历过方程建模的过程，本环节由学生独立完成，全班分享。

第二环节　聚类分析，归纳概括

【教学内容】

（一）归纳概括，生成概念

内容1：聚类分析

（1）观察得到的这些方程，它们有什么共同特点？你能给它们取个名字吗？

（2）什么是二元一次方程？试着说说你的理解？

（3）生成二元一次方程的概念。

【设计意图】面对一个概念或新事物，学生要学会一种分析问题的范式或方法，本环节旨在渗透一条数学研究的路径，"生活情境—抽象模型—寻找共性—生成概念—探究应用"，教师传递给学生的不仅仅是固化的知识，更有丰富鲜活的方法路径。

【教学策略】借助一元一次方程的学习经验，聚类分析，学生不难发现共性、提炼概念，基于实例呈现形式的单一性，学生会认为"含有两个未知数、未知数指数是1"就是二元一次方程，针对这个难点，教师要有充分的预设，先引导学生思考"由一元方程发展到二元方程，未知数指数还可以是1吗"，激发学生的质疑论证精神，若学生无法解决，教师再启发举反例。

内容2：顺向思考

（1）公园门票的问题中，对于方程 $x+y=8$，你能找到使它成立的 x、y 的值吗？（以表格的形式呈现数值）

（2）为什么大家取的都是整数？不能是分数或是负数吗？

（3）表格中的数是一对一对地出现的，为什么？

（4）如果问题中只有这一个条件，你能确定具体去了几个成人、几个儿童吗？为什么？

【设计意图】从以往知识结构中提取方程的解的概念，顺向引领得出二元一次方程的解的概念。本节授课面向七年级学生，他们没有学习变量、函数等相关知识，缺少"形"的感受，尽量从"数"的角度充分挖掘，初步感受对应的思想，理解一个条件不能确定具体人数，为方程"组合"的必要性进行铺垫。

【教学策略】让学生独立找出使二元一次方程成立的未知数的值，体会实际问题中要考虑未知数的现实意义，渗透数值——对应的函数思想，并通过问题启发，让学生感受一个条件不能确定问题中的人数。

内容3：生成概念

（1）你能找出 $5x + 3y = 34$ 这个方程符合实际意义的解吗？

（2）如果只有这一个条件，能确定具体的人数吗？

（3）如果把这两个方程组合在一起，你能找到使它们都成立的 x、y 的值吗？

（4）生成二元一次方程组及其解的概念。

【设计意图】充分挖掘情境的内涵和外延，让学生体会到因解决问题的需要，产生组合必要性和现实性，从而研究二元一次方程组，让知识顺其自然而发生。

【教学策略】充分挖掘公园购票情境的内涵，让学生找出问题中二元一次方程的解，体会两个二元一次方程组合的现实意义，自然生成二元一次方程组的概念，此处为保持学生思维连贯性，不在"共有两个未知数"等点上纠结。

（二）深度思考

内容：意义辨析

（1）白板上有 6 个二元一次方程，可以组成多少个二元一次方程组呢？请你组组看。

（2）展示分析：投屏展示学生组合的错例，归因分析错误点。

（3）什么样的两个二元一次方程可以组合成二元一次方程组？

【设计意图】内容3从组合的现实意义出发，给出了二元一次方程组的概念。本环节从未知数的意义出发，让学生进一步感受二元一次方程组合的价值，使概念教学走向有深度的意义教学。

【教学策略】让学生呈现潜意识状态下最真实的思考，有些学生会将意义不相关的两个方程组合，教师不要急于打断学生的思考，顺势而为，展现错例，并求出错例的解，让学生来解释解的意义，这时所有的学生会收获内心极大的震撼，未知数含义不同的两个方程是不能组合的，进一步加深了对方程组概念和意义的深刻理解。

第三环节　方法链接，学以致用

【教学内容】

内容1：方法链接

观察：二元一次组与一元一次方程之间有什么联系？

【设计意图】从单元整体的高度上理解二者之间的转化互通，感受二元一次方程组解决复杂数量关系时的优越性。

【教学策略】学生自主梳理，全班交流，从建模思想的一致性和化归思想的统一性出发，建立二元一次方程组与一元一次方程的链接。

内容2：学以致用

根据题意列方程组：

（1）长方形篮球场周长是86米，长比宽多13米。若设长 x 米，宽 y 米，可列方程组＿＿＿＿＿＿。

（2）甲乙两人从相距60千米的两地同时相而向行，6小时相遇。其中，甲速度比乙速度的2倍少2千米。若设甲速度是 x 千米／时，乙的速度是 y 千米／时，可列方程组＿＿＿＿＿＿。

（3）为共建美丽时尚，某社区居委会在8个居民小区共设置了34组垃圾箱，A 类小区面积较大，设置5组垃圾箱；B 类小区面积较小，设置3组。若设 A 类小区有 x 个，B 类小区有 y 个，可列方程组＿＿＿＿＿＿。

【设计意图】本环节精心选取了三个代表性题目，意在引导学生借助图示、线段图、表格分析较为复杂问题中的数量关系，提升建模能力。

【教学策略】学生独立完成方程建模并进行全班分享。让学生充分感受方程（组）是刻画现实世界数量关系的有效模型，丰富学生从实际问题中抽象模型的意识和能力。在学生独立完成的基础上，教师引导学生针对方程组进行模型归类："这个方程组你熟悉吗？""你有什么发现？"让学生感受问题情境不同，但抽象的方程组模型是相同的，时间允许的话还可以让学生再举一些生活中的问题情境，丰富背景的多样性。

第四环节 总结提升，纳入系统

【教学内容】

（1）本节课你学到了哪些知识？

（2）学会了哪些分析问题的路径或方法？

（3）你还有想继续探究的问题吗？

【设计意图】总结与梳理是学习过程必不可少的一个环节，通过反思与总结，梳理自己的收获，提出自己的疑惑，发表自己的观点，养成良好的学习和思考习惯。

【教学策略】本课时是二元一次方程组单元的起始课，学生将经历新概念产生的探索过程，获得面对新事物、新知识的探究路径，形成一类问题的分析方法，总结梳理环节尤为重要。教师鼓励学生勤于梳理、善于归纳、勇于表达，将所学知识和方法纳入自己的知识系统。

（四）"函数"板块概念教学策略

函数是用来描述变量与变量之间关系的重要工具，中国清朝数学家李善兰在其著作《代数学》中说，"凡此变数中函彼变数者，则此为彼之函数"。初中阶段研究的函数都是较为浅显的函数知识，初中阶段需要掌握的函数的三种表达形式，分别为表格、图象和关系式。函数的学习在学生学习数学的过程中有着标志性的意义，它标志着学生对数学的研究逐渐从小学学习的常量数学转变为变量数学。

函数是两个变量之间的一种对应关系，从关系式、表格、图象中都可以感知和形成概念，而这三种方式也是后期不同函数的图象与性质、函数应用的重要内容，所以对于函数概念，可以从生活中获取大量的、不同形式的函数资源，通过聚类方式找到它们的共同特点，归纳出函数概念。

函数外的一次函数、二次函数、反比例函数概念可以通过关系式角度采取先分类再聚类建构的方式，引导学生思考它们的表格形式、图象形式会有怎样的特点，一方面合理引入函数图象与性质的学习，另一方面以数助形、以形助数，引导学生数形结合地研究函数知识。

三、"数与代数"性质课型篇

张奠宙先生曾说过，数学中到处都是变与不变的矛盾统一。万变不离其宗，数学研究变化，却以找到其中的不变性为归宿，寻求并欣赏数学中无处不在的不变性质，领略不变量和不变性的内在魅力。数学性质的存在就是在其取值范围内的相对不变性，研究性质的教学就是带学生领略数学不变性的魅力所在。

（一）教学法细化实施策略

"数与代数"的性质包括"数与式"中的性质，如分式的性质、二次根式的性质；"方程与不等式"的性质，如等式的基本性质、不等式的基本性质；"函数"的性质，如一次函数的图象与性质、二次函数的图象、反比例函数的图象与性质。

初中数学"数与代数"的性质产生源于归纳推理，其中"数与式"中的性质、"方程与不等式"中的性质都源于对取值范围内各种取值的归纳推理，相对采用的教学法，在实施策略结构上比较一致。函数的性质源于对图象的观察和大量图象特点的归纳，所以函数的性质称为"图象与性质"，究其原因就是函数的性质源于图象，依存于图象，函数表达式中往往含有不止一个常数，在研究图象与性质时还存在一个顺序和转化的学法结构问题，所以它的性质研究在归纳方法的一般策略上，还要考虑自身的研究结构。

对"数与式""方程与不等式"中的性质教学，首先，根据研究方向依据已有的研经验形成猜想，在取值范围内通过有代表性的大量举例进行验证，然后，通过大量教学资源的验证和不断修订，最终归纳出合理、全面的性质并进行规范性表述。其实施策略结构如图 4-3 所示。

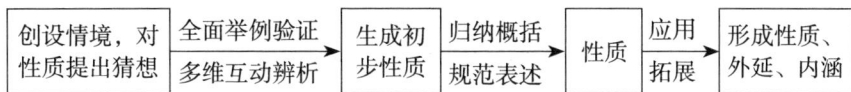

图 4-3 "数与代数"性质教学实施策略结构

对"函数的图象与性质"的教学，首先根据函数定义，分析归纳函数的不同表达形式，举例如下。

二次函数一般式为：$y = ax^2 + bx + x$（$a \neq 0$）

二次函数的简化形式有：① $y = ax^2$；② $y = ax^2 + bx$（$a \neq 0$）；③ $y = ax^2 + c$（$a \neq 0$）

采取由简入繁的方式逐层进行研究。其实施策略结构如图 4-4 所示。

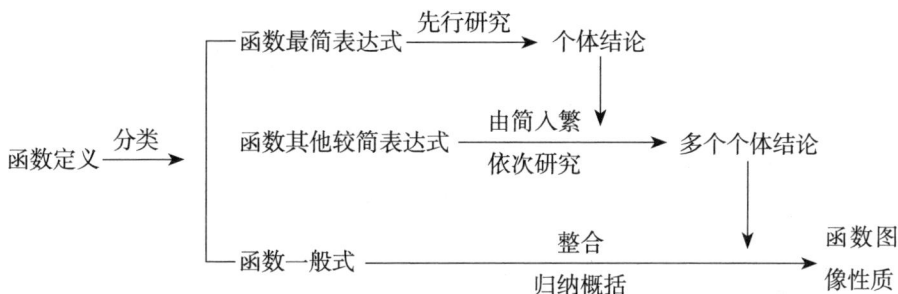

图 4-4 "函数的图象与性质"教学实施策略结构

（二）"方程与不等式"板块性质教学策略

以不等式的基本性质为代表的一些"数与代数"中的最基本的性质，构建了"数与代数"大厦的基石。它们的教学不仅可以帮助学生获取重要的性质知识，理解后继计算的算理和局限，更使学生在学习中接触归纳推理，形成对最初始数学知识的结构化探究方法的学习，对学生的长期学习和深入学习都有非常重要的作用。下面展示本教学法在不等式性质教学中的课例设计。

课例：不等式的基本性质

一、课时目标

经历通过类比、猜测、验证发现不等式基本性质的探索过程，初步体会不等式与等式的异同。掌握不等式的基本性质，并能初步运用不等式的基本性质将比较简单的不等式转化为"$x > a$"或"$x < a$"的形式。通过研究等式基本性质的过程类比研究不等式基本性质的过程，体会类比的数学方法，进一步发展学生的符号表达能力，以及提出问题、分析问题、解决问题的能力。

二、教学过程设计

第一环节　回顾旧知，引发猜想

【教学内容】

1. 回忆等式的基本性质，用字母如何表示呢？（追问：这里的 a、b、c 都可以表示哪些数呢？）

2. 不等式是否具有和等式一样的基本性质呢？

3. $a > b$ 这个不等式，a 和 b 可以表示哪些数呢？

【设计意图】回顾等式的性质，为不等式性质的猜想提供依据，回顾对等式性质的两种规范描述形式，为不等式性质严谨的语言描述和符号描述提供参照。列举不等式的基本类型，为后面的探究提供类型支撑。

【教学策略】问题 3，学生可能回答一切实数，首先肯定，同时补充 a 所代表的实数是大于 b 所代表的实数的。引导学生对数进行分类：两个正数的比较，两个负数的比较，一正一负的比较，正数和 0 的比较，负数和 0 的比较。这样体现了后面验证性质的数据的普遍性。

第二环节　验证猜想，形成新知

【教学内容】

探究活动 1

在不等式的两边同时加或减同一个数，不等式是否发生改变？

【设计意图】验证不等式基本性质猜想1。

【教学策略】教学中注意以下事项。

（1）教师巡视过程中关注学生验证过程书写的规范性；教师巡视过程中提醒学生思考有没有反例。

（2）适时点拨：同学们对形如 $a > b$ 的不等式做了哪些活动？你发现了什么规律？可以尝试用文字或者字母描述这个规律吗？

（3）学生概括归纳，教师收集学生文字和符号描述资源，板书并引领全班学生规范对规律的表述。

（4）适时点拨：当 $a < b$ 时，刚才验证的规律是否成立？小组分工合作完成验证，并用文字和字母表示规律，学生验证归纳，板书文字和符号的表述。

（5）教师引领学生整合两个结论，形成不等式性质1。

（6）教师用文字语言板书规律：在不等式的两边都加上（或减去）同一个整式，不等号的方向不变。

探究活动2

借助刚才验证不等式性质1的方法和刚才列举的不等式，看看在不等式两边同时乘以或除以同一个数，不等式是否发生改变？

【设计意图】验证不等式基本性质猜想2。

【教学策略】教学中注意以下事项。

（1）教师巡视过程中关注学生验证过程书写的规范性；教师巡视过程中提醒学生思考有没有反例。

（2）结合反例进行过程性点拨：反例是偶然的还是一定会发生的？什么情况下出现反例？请多举些例子验证自己的猜想。重点突出在不等式两边同时乘以或除以负数，不等号发生的改变。

（3）点拨学生：结合不同的情况，分类总结规律，并用文字表示规律。

（4）学生概括归纳，教师收集学生资源板书：当不等式的两边同时除以一个正数时，不等号的方向不变；当不等式的两边同时除以一个负数时，不等号的方向改变。

（5）引领学生整合两个结论，发现这两条结论无法整合，自然形成不等式性质2和不等式性质3。

注意：本不等式性质1的探究，依托学生对等式性质1的学习和回顾，猜想、验证、归纳、表述都可以以学生为主、让其自主完成。沿袭等式性质2的学习和回顾，学生易对不等式性质2、3形成笼统的错误猜想，教师引导学生结合大量素材充分验证和感知，最后通过整合过程的无法统一，使不等式的三条基本性质在学生头脑中自觉建构。

探究活动3

结合板书比较不等式性质和等式性质的异同点。

【设计意图】呼应前面回顾旧知、探究新知的设计。

【教学策略】帮助、指导学生对比性质的相同点和不同点，一方面自主建构自己的知识体系，另一方面明确性质的适用范围和使用方法。

第三环节　巩固练习，拓展新知

【教学内容】

1. 设 $a < b$，用"＜"或"＞"号填空。

（1）$a+1$____$b+1$　　（2）$a-3$____$b-3$　　（3）$3a$____$3b$

（4）$-a$____$-b$　　（5）$\dfrac{a}{4}$——$\dfrac{b}{4}$　　（6）$-2a+3$____$-2b+3$

2. 判断：以下不等式中，不等号用对了吗？

（1）$a < a+2$　（2）$2 > a+2$　（3）你能比较 a 与 $2a$ 的大小吗？

3. 将下列不等式化成 $x > a$ 或 $x < a$ 的形式。

（1）$x+3 < -1$　（2）$3x > 27$　（3）$-\dfrac{x}{3} > 5$　（4）$5x < 4x-6$

【设计意图】帮助学生熟悉定理，进一步研究不等式的基本性质，练习3为下一节课解不等式做铺垫。

【教学策略】在字母不明确的前提下，需要对字母进行讨论。

第四环节 课堂小结，展望后继

【教学内容】

1.本节课你有哪些收获？在获得性质的过程中我们采用了什么方法？

2.类比方程的学习路径，你认为后面不等式的学习内容是什么？

【设计意图】回顾本节课学习过程，巩固、熟练对数与代数中基础性质研究的学习结构。

【教学策略】类比一元一次方程的知识体系，逐步建立一元一次不等式的知识体系。

（三）"函数"板块性质教学策略

函数的性质源于对图象的观察、发现、汇总、归纳，所以函数的图象与性质的第一个探究活动应该是准确画出函数的图象。其中，一次函数式的图象绘制是函数图象的基础，突出的是绘制图象的基本方法和解决作图中的易错问题，二次函数图象的突出特点是曲线和拐点问题，反比例函数图象的突出特点是两支曲线，这些都需要通过教学法的实施，帮助学生深入理解，夯实作图能力。第二个探究活动应该是对图象的数学观察、结论发现、性质猜想、规范描述，这个环节同样需要运用本教学法，充分发挥其多维互动、自主形成的特点。第三个探究活动可以通过信息技术的辅助或者小组成员的分工合作，呈现出足够多的图象资源，观察、对比、归纳不同函数图象中的相同结论和不同所在，归纳概括出所研究函数的图象特点，并以规范化语言分类表述，最终形成函数的性质。

对于含有多个参数的一次函数和二次函数，对参数的研究亦应遵循一定的学法结构，即对多种表达形式按先易后繁、先系数后常数的顺序依次探究。

函数的图象与性质作为"数与代数"领域的核心知识，密切关联前面"数与式""方程与不等式"知识，并对其进行综合应用，所以在函数图象与性质的讲解中，要注重以下几个原则。

1. 以数解形、以形助数，关注数形结合思想在教学中的应用

"数缺形时少直观，形少数时难入微"这句话充分强调了数形结合的重要性。"以数解形""以形助数"是数形结合思想的两个主要组成部分，数形结合作为数学学习的重要方法，可以有效提高学生的理解能力。

在函数的图象与性质的教学时，深层融入数形结合思想，一方面要求学生从所研究的函数的表达式出发，运用合理的逻辑推导，思考该函数图象所具有的特点，进而思考该函数具备的性质；另一方面引导学生主动作图，提高作图能力，结合图象直观归纳该函数的图象特点，进而归纳该函数的性质，有助于学生深刻理解、掌握函数图象特点和性质，提高学生系统、灵活地运用性质解决各类数学问题的能力。

2. 软件支持、深度学习，关注信息技术手段在教学中的融合

新课标指出，要合理利用现代信息技术，提供丰富的学习资源，设计生动的教学活动，促进数学教学方式方法的变革。可利用数学专用软件等教学工具开展数学实验，将抽象的数学知识直观化，促进学生对数学概念的理解和对数学知识的建构。

在"函数的图象与性质"的教学中，函数图象可以通过几何画板的逐点生成进行深度研究；学生可以通过 GGB 软件快速生成大量函数图象，辅助思考、归纳函数图象特点和性质；教师可以通过希沃白板快速绘制大量函数图象指导学生归纳、表述函数图象特点和性质，还可以通过希沃白板移动端，将学生资源通过图片、视频、直播等方式快速呈现为班级学习资源，通过师生互动、生生互动推进教学进程。教师将有效的信息技术融入教学，能激发学生的深度思考，培养学生思维的深刻性、创造性，深化函数知识的理解，将函数的图象与性质真正讲透、学透。

3. 几何直观、推理能力，关注数学核心素养在教学中的培养

"函数的图象与性质"教学的全过程，渗透着"观察—思考—表述"的探究习惯的养成，本身就是对"会用数学的眼光观察现实世界，会用数学的思维思考现实世界，会用数学的语言表达现实世界"数学核心素养的

培养。

函数图象是体现函数变化特征的直观表象，在研究过程中要注重以研究活动为载体，充分发展学生的数学核心素养，特别是初中数学核心素养中几何直观和推理能力的培养。函数图象的研究，首先要正确做出图象，然后通过几何直观归纳特点，形成结论，让学生面对函数问题，根据条件描述能够想象或者画出相应的图象，会数形结合地解决问题，从而发展学生的几何直观素养。

函数图象的研究，在利用图象解决代数问题的同时，还要加强代数推理能力的培养。表达式和图象都是函数的基本刻画方式，能够有效地表达函数"变化"的本质特征。在探究图象与性质时，要养成重推理、讲道理的思维方式，注重思维的严谨性、全面性和发散性，从合情推理和演绎推理两个方面发展代数推理素养。

四、"数与代数"运算课型篇

（一）教学法细化实施策略

计算能力是初中数学核心素养的一个主要表现，在初中数学内容中占有很重要的位置，初中数学在计算能力培养方面内容包括：有理数的四则运算等数的运算；整式的四则运算等式的运算、一元一次方程的解法等各类方程（组）的解法、一元一次不等式等各种不等式（组）解法、待定系数法求解各种不同函数的表达式，代入法求解各类"式"或"函数表达式"的值，根据取值范围求解各种不同函数的最值等，内容众多。

当我们站在体系的高度整体分析有关计算的各种内容的结构本质时，可以将其分成两种主要的类型。

一类是以有理数加法、整式加法为代表的最基础计算的运算法则的获取和应用，它们的运算法则源于人们的生活实际，基于归纳，最终概括成为运算法则并应用于计算当中，同时作为基础运算法则为后继转化生成其他运算法则铺垫源头，本书将这类计算类型称为"基础计算"。

另一类是以一元一次方程解法为代表的计算内容，它的计算方法或依托于已有的性质（如一元一次方程的解法依托于等式性质）、已有的运算法则（如有理数乘方计算方法依托于有理数的乘法法则）或已有的计算方法（如待定系数法求解一次函数表达式依托于二元一次方程组的解法），需要关联已有的知识、方法，作为已有知识、方法的拓展和延伸进行学习、归纳，形成新的计算方法并应用于计算问题当中，本书将这类计算类型称为"复合计算"。

对于基础计算类型的计算方法，教师可以通过实际情境呈现出合理的答案，对大量的此类教学资源进分析、分类、概括、归纳、表述，从而获得依据归纳推理得到的合理运算法则、思辨运算法则适用的运算（取值）范围，通过范围内的各类计算问题的解决，培养、提升学生的计算能力，其逻辑结构如图 4-5 所示。

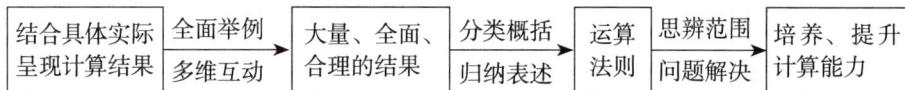

图 4-5　基础计算类计算方法的逻辑结构

对于复合计算类型的计算方法，教师可以通过具体情境呈现出需要计算的问题，对此问题的解决思路进行点拨，引导学生关联已有的知识、方法进行整体研究，通过转化等思想方法获得依据演绎推理得到的合理运算法则、思辨新运算法则适用的运算范围，通过范围内的各类计算问题解决，培养、提升学生的计算能力。其逻辑结构如图 4-6 所示。

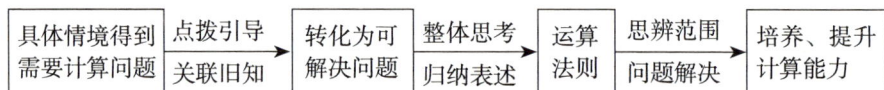

图 4-6　复合计算类计算方法的逻辑结构

（二）"数与式"板块运算教学策略

1. 以"分式的加减法"为例

代数式的运算教学的重要性不言而喻。它是数学学科的基础，可为学生后续学习更复杂的数学理论打下坚实的基础。代数式运算不仅能培养学生的逻辑思维和抽象思维，还可以锻炼他们解决问题的能力，在日常生活中有着广泛的应用，如金融、工程、科学领域。掌握这些技能有助于学生更好地理解和应对现实生活中的问题。

初中的代数式运算包括整式运算和分式运算，分式运算的学习保证了整式四则运算的完整性，同时也是小学分数运算的拓展与延伸，是初中代数式运算中的重点，其中分式的加减运算是分式四则运算教学中的难点。下面展示的是本教学法在分式加减运算中的课例设计。

课例：分式的加减法（1）

一、课时目标

经历探索分式加减运算法则的过程，进一步培养代数化归意识，发展合情推理能力。掌握同分母分式加减法的法则，会进行简单的分式加减运算，理解其算理，进一步发展运算能力。

二、教学过程设计

第一环节　分类归纳，探究新知

【教学内容】

探究活动 1

问题 1：你还记得分数是如何加减的吗？请举例说明。

问题 2：分式的加减有哪些情况呢？请举例说明，并与同伴交流。

问题 3：我们应该先从哪一类开始研究？

问题 4：你能归纳这类分式加减的运算法则吗？

问题 5：你能用"式"表示你的发现吗？

【设计意图】本环节设计了四个层次的问题：激活经验、类比举例、分类探究、归纳明晰，引导学生类比分数，先总体建构分式的加减法的不同类别，再从最简单的同分母分式的加减开始，探究法则，培养代数化归意识，发展合情推理能力。

问题1，激活经验，小学分数加减法则及其依据，为由数到式的类比研究做好铺垫。

问题2，类比举例，设计开放问题，让学生举例，为归纳法则提供基础。

问题3，分类探究，将所举例子类比分数分为同分母和异分母分式加减两类，沿着由简单到复杂的解决思路，引出本节课的学习内容——同分母分式相加减。

问题4，归纳明晰，类比分数，先猜想，再归纳得到同分母分式加减法则。

问题5，用式子表示为：$\dfrac{b}{a} \pm \dfrac{c}{a} = \dfrac{b \pm c}{a}$。

【教学策略】

问题1，回顾分数的加减法，既可以说法则，也可以举例说明。教师板书并要求学生解释算理。这里，学生可以通过说意义、构图形等多种方式解释运算结果，归纳法则。

问题2，鼓励学生独立思考，类比举出分式算式。学生既可以举同分母分式，也可以举异分母分式的加减法，并将这些例子写在黑板上（或贴在黑板上），让学生对所举例子分类，为下面的分类归纳做准备。

活动1

问题2：

分式的加减有哪些情况呢？请举例说明，并与同伴交流。

$$\frac{b}{a} + \frac{c}{a} \qquad \frac{3}{2x} - \frac{1}{2x} \qquad \frac{y}{5x} + \frac{1}{2x} \qquad \frac{5}{ab} - \frac{2}{bc}$$

$$\frac{7}{2m} - \frac{1}{m+n} \qquad \frac{5}{a+b} + \frac{3}{a-b} \qquad \frac{a}{x+y} - \frac{b}{x+y}$$

活动 2

问题 3：

我们应该先从哪一类开始研究？

$$\dfrac{3}{2x} - \dfrac{1}{2x} \qquad\qquad \dfrac{y}{5x} + \dfrac{1}{2x}$$

$$\dfrac{b}{a} + \dfrac{c}{a} \qquad \boxed{\text{同分母分式相加减}} \qquad \dfrac{5}{ab} - \dfrac{2}{bc}$$

$$\boxed{\text{异分母分式相加减}}$$

$$\dfrac{a}{x+y} - \dfrac{b}{x+y} \qquad\qquad \dfrac{5}{a+b} + \dfrac{3}{a-b}$$

$$\dfrac{7}{2m} - \dfrac{1}{m+n}$$

问题 3，学生分类后再思考从哪里开始研究，类比分数的经验，自然选择从同分母分式开始研究，引出本节的重点学习内容"同分母分式相加减"。数学上解决问题一般遵循由易到难的思路，这里是一个很好的契机，让学生感受解决问题的思路。

问题 4，类比分数先让学生猜想同分母分式加减法则，再计算验证，然后通过黑板上这一类的例子，归纳分母分式加减法则归纳。让学生尝试用文字、符号语言表示法则，再思考符号语言中的 a、b、c 可以表示什么，为解决下面例题的难点做铺垫。

第二环节 小组合作，理解算理

【教学内容】

探究活动 2

1. 你问我答：请一位同学举出同分母分式加减的算式，其他同学一起口头回答结果。

2. 合作学习：两人一组，计算对方所举三道运用同分母分式加减的算式。小组内与同伴交流。

【设计意图】这个环节的目的是，突破本节课计算难点，发展运算能力。

你问我答，通过开放性问题，学生自主举例、计算结果，巩固法则。引导学生不断丰富举例类型，为合作学习做铺垫。帮助学生归纳、分析算式特征，引起学生对算式特征的注意。

合作学习，给学生充足时间独立思考并交流，引导学生将同分母分式加减与所学知识结合。学生自己出题，形成丰富的课堂资源，为典例精析做准备。

【教学策略】你问我答，开放环节为了生成预设的资源，引起学生对算式特征的注意，设计要想清楚两种极端情形。

一是学生举例过于简单，如$\frac{3}{a}+\frac{4}{a}$。设问："这位同学举出的例子，分子、分母都是一个字母或数字的单项式，还能举出哪些算例？"引导学生将分子、分母的单项式复杂化。再问："刚才同学们举出的例子，分子、分母都是单项式，还能举出哪些算例？"引导学生举出分子、分母为多项式的例子。教师不断归类、总结、提问，引导学生思考，丰富算例。

二是学生举例过于复杂且无异议，如$\frac{e+d+f}{a+b+d}+\frac{x+y+z}{a+b+d}$。教师在引导学生正确利用法则计算的同时，启发学生思考："这类算式虽然看着复杂，但计算上并无难点。能否将同分母分式加减法与合并同类项、分式性质知识上的难点相结合呢？还能举出哪些算例？"

第三环节　典例精析，应用新知

【教学内容】

典例精析：根据学生的生成资源，选择作为例题讲解。

例1　计算

（1）$\frac{x-2y}{2x-y}-\frac{x+y}{2x-y}$　　　（2）$\frac{a^2}{a+b}+\frac{b^2+2ab}{a+b}$

【设计意图】基于第二环节的生成资源，教师选择两道例题，全班共做，教师精讲。一道减法例题，减式分子为多项式，须去括号；一道与因式分解约分相结合的例题。通过学生主动构造习题，体会分式运算的本质是整式运算，将新运算法则纳入运算体系并克服运算中的难点，强化学生思维，培养化归意识，发展学生的运算能力。

【教学策略】典例精析分四步进行。（1）解答例题：展示例题全班解答，同学代表板演；（2）精讲例题：解答完成后，出题人批改板演并分享出题思路；（3）明晰算理：教师引导学生讲解算理；（4）纠错反思：小组合作对例题进行纠错和算理阐释。

例 2 计算

（1）$\dfrac{x}{x-y} + \dfrac{y}{y-x}$；

（2）$\dfrac{a^2}{a-1} - \dfrac{1-2a}{1-a}$

【设计意图】这是一组分母互为相反式的分式加减的题目。虽是异分母分式，但容易转化成同分母的分式，为下节课异分母加减法做铺垫，体会转化的数学思想。

【教学策略】引导学生分析分子、分母、分式符号之间关系，体会化成同分母的实质是分子和分母同时乘以 −1，即可按同分母分式的加减法法则进行运算。

第四环节 变式训练，巩固新知

练一练

（1）$\dfrac{a^2}{a-b} + \dfrac{2ab-b^2}{b-a}$

（2）$\dfrac{x-2y}{2x-y} - \dfrac{7x+y}{2x-y}$

【设计意图】变式训练，小组间进行比赛。促进学生更出色地完成挑战，增强集体荣誉感。

【教学策略】与小组评价捆绑，激发学生的比赛热情。

第五环节 课堂小结，升华新知

【教学内容】

问题 1：本节课学习了哪些知识与方法？

问题 2：运算同分母分式的加减法分为哪几步？有哪些需要注意的地方？

问题3：你还有哪些想要探究的问题？

【设计意图】本环节旨在帮助学生梳理本节课的知识与方法要点，提炼计算方法。

【教学策略】引导学生形成知识体系，纳入学习系统，展望接下来的学习内容和研究途径。

2. 以"一元二次方程的解法"为例

"一元二次方程的解法"是"方程与不等式"中十分重要的内容之一，是"降次"思想的重要应用，不同解法之间关联性强，具有较强的逻辑性，蕴含着一定的代数推理。因此，在"一元二次方程的解法"教学中，教师不应只关注"解法"的工具性作用，应基于结构思想，对教材内容进行适当整合，采用整体教学方式，彰显出不同解法之间的逻辑关联，在严谨的代数推理的过程中激发学生深度思考，发展学生核心素养。

课例：一元二次方程的解法（1）

一、课时目标

整体建构一元二次方程的解法，会用直接开平方法、配方法解一元二次方程，体会转化的思想；能根据具体方程的特征，灵活选择一元二次方程的解法，进一步提高运算能力。以一元二次方程的解法探究为平台，着眼于学生的思维发展、能力提升和数学学科素养的形成，通过对一元二次方程解法的生长变式，达到提升学生核心素养的目的。

二、教学过程设计

第一环节　整体建构，思考新知

【教学内容】

1. 回顾：一元二次方程的一般式并举出三个具体方程（尽量举出不同形式的具体方程）。

2. 一元二次方程还有哪些形式？各举出三个具体方程（尽量举出不同形式的具体方程）。

3. 针对不同形式的一元二次方程，你会解决哪些形式？结合举出的具体方程进行尝试。

【设计意图】通过对一元二次方程方程不同形式的回顾，让学生整体建构一元二次方程的解法，通过运用已有知识，自行探究直接开平方法和简单的因式分解法，并形成对未知解法的探究途径。

【教学策略】

1. 预设学生解答问题 1 和问题 2 资源：

类型 1　$ax^2 + bx + c = 0$，$x^2 + 2x + 1 = 0$，$x^2 - 2x - 1 = 0$，$2x^2 + 2x + 3 = 0$，

类型 2　$ax^2 = 0$，$x^2 = 0$，$3x^2 = 0$，$-2x^2 = 0$，

类型 3　$ax^2 + c = 0$，$x^2 + 1 = 0$，$x^2 - 4 = 0$，$2x^2 - 6 = 0$，

类型 4　$ax^2 + bx = 0$，$x^2 + 2x = 0$，$x^2 - 2x = 0$，$2x^2 + 3x = 0$。

2. 引导学生通过小组合作，进行一元二次方程解法的整体探究，预设学生资源：

解决类型 2，通过系数化 1，转化为 $x^2 = 0$，得到答案，发现此类一元二次方程解法的算理可以是开平方，求平方根根的运算，也可以是两个相同数乘积为 0，则次数为 0。

解决类型 3，通过移项、系数化 1，转化为开平方，求平方根，进而求解方程，发现此类方程可以通过此途径进行求解，同时发现存在一元二次方程无解的情况。

解决类型 4，通过提取公因式 x 后，转化为两个因式乘积为 0，进而求解方程，发现此类方程可以通过此途径进行求解。

3. 通过本环节的探究，学生发现四类中有三类一元二次方程，可以求解，只有一般式还不会求解，同时发现二次方程转化一次方程（降次）的两个途径：①平方形式→开平方→求平方根→解一元二次方程；②因式分解→转化为两个一次二项式乘积为 0 的形式→分别求解两个一元一次方程→解一元二次方程。

第二环节　循序渐进，提升思维

【教学内容】

1. 尝试解答下面的一元二次方程：

（1）$2(x+1)^2=9$；（2）$x^2+2x=8$；

2. 尝试总结一下你发现的解法的步骤。

【设计意图】尝试通过两种途径转化求解一元二次方程，发现可以通过配方的方式转化为第一种途径解一元二次方程，通过探究明确配方法解一元二次方程的算理和一般步骤。

【教学策略】引导学生通过两种解题途径进行解题探究，发现方程（1）可以把（$x+1$）看为整体，转化、运用途径1进行解答；方程（2）通过完全平方公式配方为平方形式，进而可以转化、运用途径1进行解答。对个别同学能够正确采用因式分解降次为一元一次方程求解，单独表扬并引导其继续思考即可。

第三环节　变式练习，拓展思维

【教学内容】

尝试解答下面的一元二次方程：

（1）$x^2-2x-1=0$；（2）$3x^2-6x-2=0$。

【设计意图】进一步明确、熟练配方法解一元二次方程的一般步骤。

【教学策略】引导学生交流讨论发现方程（1）把"-1"移到方程右边后可以转化为前面的问题形式，方程（2）把"-2"移到方程右边，在两边同时除以"3"后可以转化为前面的问题形式。两道题目的运算难度比前面要大，特别是有分数、无理数的介入。在学生思路明确后，教师巡视，及时订正学生出现的各种问题，并安排学生板书，订正班级学生出现的较为集中的问题。

第四环节　融会贯通，彰显逻辑

【教学内容】

1. 解答下面的一元二次方程：

（1）$2x^2+4x-7=0$；（2）$2x^2-2x+1=0$。

2. 拓展：用本节的方法解答：$ax^2 + bx + c = 0$

【设计意图】进一步熟练配方法解一元二次方程的一般步骤，明确一元二次方程有无解的可能。

【教学策略】方程（1）巩固、检验学生运用配方法解一元二次方程方程，教师巡视重心在查漏补缺；方程（2）检验学生灵活应用配方法和对新问题的处理能力，对发现问题并能够合理处理给予及时表扬，然后班级交流分析方法，拓展问题作为选做问题处理，若不能课上完成，则留作课后探究作业，为下节课的深入研究配方法，形成公式法铺垫基础。

第五环节 课堂总结

【教学内容】

问题1：本节课学习了哪些知识与方法？

问题2：运算配方法解一元二次方程有哪些需要注意的地方？

问题3：你还有哪些想要探究的问题？

【设计意图】系统回顾本节课的学习收获，系统总结解一元二次方程的方法和用配方法解一元二次方程的步骤及注意事项。

【教学策略】通过回顾灵活掌握简化形式的一元二次方程的简便解法，明确配方法解一元二次方程的算理、步骤和注意事项，以及一元二次方程解的个数的特点。

五、"数与代数"问题解决课型篇

（一）教学法细化实施策略

问题解决类教学，在初中数学教学中处于核心位置，是对相关知识的概念、性质、运算的综合应用，是在基础知识、基本能力、基本数学思想和基本活动经验的基础上，对综合应用能力的崭新挑战，是对学生应用意识、创新意识等核心素养的培养和提升，对学生的持续发展和长久发展有至关重要的作用。它不仅能够帮助学生精确地描述物理现象、各种规律和社会动态，还能够为预测未来趋势、优化决策过程提供有力的数学工具。通过问题解决类教学，学生可以将复杂的问题简化为数学表达式，进而利用数学方法进行求解和分析。这种建模方法不仅提高了解决问题的效率，还增强了结果的准确性和可靠性。在科学研究、工程技术、经济管理等领域中，方程建模都发挥着不可或缺的作用，是推动社会进步和科技发展的重要力量。

初中数学问题解决教学的重要性不容忽视，它对于学生的学习和成长具有深远的影响，尤其是对培养逻辑思维能力（数学问题解决需要学生运用逻辑思维，从已知条件出发，找到解决问题的途径）、提升问题解决能力（数学问题解决教学注重的是学生实际解决问题的能力。通过大量的练习和实践，学生可以逐渐掌握解决各种数学问题的技巧和方法，提升他们的问题解决能力）、培养创新精神（在解决数学问题的过程中，学生需要不断地尝试新的思路和方法，这种创新精神的培养对于他们的未来发展具有重要意义）、强化数学基础知识（数学问题解决的过程也是对数学基础知识的应用和巩固的过程。通过不断地解决问题，学生可以更加深入地理解和掌握数学知识，从而打下坚实的数学基础）、增强学习兴趣和自信心（当学生成功地解决一个数学问题时，他们会感到满足和自豪，这种成就感会增强他们的学习兴趣和自信心）等方面都有很大帮助。同时，数学问题解决教学通常采用多样化的教学方法和手段，如游戏、竞赛，这些活动能够激发学生的学习兴趣和积极性，使他们在轻松愉快的氛围中学习数学知识。

对问题解决类的教学，首先通过生活情境问题引出需要解决的具体问题，采取发散思维，引导学生多角度、多层次地综合应用所学，探寻解决问题的方法。教学中充分发挥多维互动的教学策略，激励学生借助已有的知识体系和学法结构，不断地提升自我的应用意识和创新意识，在形成多种解决问题方法的基础上，采取三层互动，建构问题解决模型：第一层让学生交流、思考每种方法的合理性；第二层让学生思考、交流每种方法的优越性；第三层让学生结合具体问题思考哪种方法最合适以及基本步骤如何操作。通过上述三层的提炼，提高学生系统掌握知识应用的合理性、适合性并建立解决问题的基本模型，才抛出两类问题进行练习巩固，一类为上述过程提炼出解决问题模型的应用，一类为思考解决问题全过程的再应用，即一类为旧问题的包装再现，检验学生对模型结构的理解和应用，一类为全新问题，检验学生解决综合应用问题的能力建构情况，并在检验过程中随时查缺补漏，对不同基础的学生做不同目标的提升要求。在问题解决类问题教学中，需要结合学生基础，因材施教，进行分层教学。问题解决类教学的逻辑结构如图4-7所示。

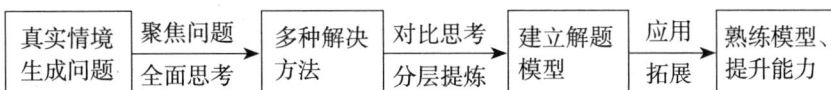

图4-7　问题解决类教学的逻辑结构

（二）"方程与不等式"板块问题解决教学策略

方程模型是解决现实问题的有效途径，其关键在于通过"算两次"的思想建立等量关系。本节课前学生已经掌握一元一次方程的解法，应用一元一次方程解决了希望工程等问题。本节课的主要内容是借助"线段图"分析复杂行程问题中的数量关系，从而建立方程模型，解决实际问题；体会数形结合思想，发展学生的几何直观。

在小学，学生学习过行程问题，熟悉路程、时间和速度之间的数量关系，能用算术法解简单的相遇问题。在初中，学生学习了一元一次方程的应用，并能初步感受到方程思维是解决实际问题的有效途径。小组内初步形成合作交流。但七年级上学期的学生解决复杂的行程问题时难以想象运动的过程并建立等量关系，难以将线段图中的要素与复杂运动过程建立对应。

本节课第一环节设计开放问题，第二环节引导学生独立生成线段图。通过前四个环节的探索，让学生体会借助线段图找等量关系的直观便捷。教学设计使学生能够积极主动地参与课堂活动，通过直观观察、操作分析、归纳形成认识，充分发挥他们作为认知主体的作用。

课例：一元一次方程的应用

一、课时目标

能借助线段图分析复杂问题中的数量关系，从而建立方程解决实际问题。发展学生的文字语言、符号语言、图形语言的转换能力。体会数形结合思想，发展几何直观。

二、教学过程设计

第一环节　创设情境，导入新课

【教学内容】

引例：学校举行健步行，学生要到距学校 15 km 远的拓展中心集合。七（1）班的学生组成前队，步行速度为 4 km/h，七（2）班的学生组成后队，速度为 6 km/h。前队出发 1 h 后，后队才出发。

你能根据这个情景提出哪些问题呢？

【设计意图】通过学生经历的现实情景，揭示生活中蕴含的数学的问题。从而引出课题及例题，激发学生的学习兴趣。

通过设计开放性问题，让学生自主提出问题。再引导学生对提出的问题进行分类，发现问题之间的联系。梳理题目中的数量关系，找到解决所有问题的关键在于求时间。建立学生的问题意识，渗透分类思想。

【教学策略】小组讨论，将提出的问题写在纸条上贴黑板。

学生可能生成的问题有：

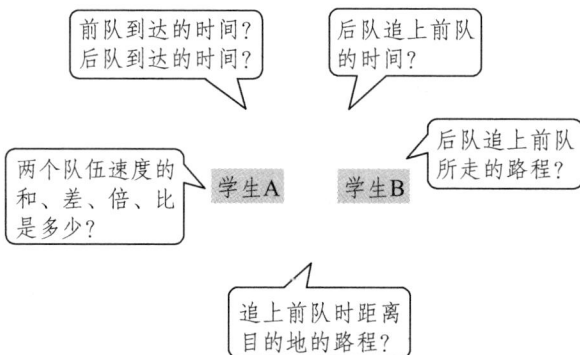

教师引导学生将所有问题进行分类。分类后追问："哪些问题可以解决呢？"对能解决的问题求解。对待解决问题追问："先求解哪个问题，有助于解决其他问题？"梳理待解决问题间的逻辑关系，明确求解所有问题的关键是时间。

第二环节 典例精析，探索新知

【教学内容】

例1：学校举行健步行，学生要到距学校15 km远的拓展中心集合。七（1）班的学生组成前队，步行速度为4 km/h，七（2）班的学生组成后队，速度为6 km/h。前队出发1 h后，后队才出发。

（1）后队出发后多长时间追上前队？

（2）学生提出的待解决问题。

活动1：小组合作，演示后队追及前队的过程，从中找到关键时刻。

活动2：观看几何画板动画演示后队追及前队的过程。

活动3：画出线段图表示整个追及的过程。与小组交流线段图中点、线段及其他符号代表什么含义。

活动4：找出"线段图"中的等量关系，建立方程。

【设计意图】寻找行程问题中的等量关系对学生是有难度的。学生已经具备了一定的生活经验，先借助生活经验生成线段图，再让学生直观地发现等量关系。为了完成本过程设计了4个活动。

活动1：想象定格。通过学生合作演示，身临其境地体会追及过程中的关键时刻，为抽象线段图做铺垫。

活动2：以形构图。在学生合作演示的基础上，教师通过几何画板动画演示，呈现追及问题定格的几个关键时刻，帮助学生从形上构图。

活动3：画图分析。学生根据自己的理解初步画出线段图，生成课堂资源。在小组讨论、生生互评中生成线段图的正确画法。

活动4：建立等量。学生借助正确、清晰的线段图建立等量关系，列出方程，解决问题。

【教学策略】

活动 1：小组合作演示追赶过程，找小组进行全班示范。教师提问"有哪几个关键时刻"，帮助学生明确追及过程中的关键时刻。

学生作品展示	生生互评
	优点：有标注关键信息的意识； 生评建议：标注前队追及后队的关键时刻
	优点：直观看出后队追及前队时刻； 生评建议：只适用于整数解，不利于推广
	优点：在"线段图"上、下分角色标注关键信息； 生评建议：省略追及地后的部分更简洁
	在互评中生成正确、清晰的线段图的画法

活动 2：老师利用几何画板演示追及过程，针对"前队出发""后队出发""追上"三个时间点，引导学生通过生活经验生成线段图。

活动 3：学生画出线段图后，小组交流讨论。教师选择学生作品由简略到完整进行展示，通过生生互评引导学生归纳出线段图正确、清晰的画法。

活动 4：建立等量。教师提问："线段图中有哪些数量关系？"引导学生找到等量关系，让学生在表达中意识到用符号表示等量关系可能存在歧义。完成题目解答并用线段图规范学生列方程时的审、设、列、答。

第三环节　巩固提升，内化新知

【教学内容】

例 2：学校举行健步行，学生要到距学校 15 km 远的拓展中心集合。七（1）班的学生组成前队，步行速度为 4 km/h，七（2）班的学生组成后队，速度为 6 km/h。前队出发 1 h 后，后队才出发。同时前队派出一名联络员骑自行车原路返回，联络员的骑车速度是 12 km/h。联络员出发多长时间与后队汇合？

【设计意图】将例题变式，增加一个角色"联络员"，从而将追及问题变为相遇问题。让学生画线段图解决相遇问题，巩固例 1 中生成的方法。

【教学策略】学生独立思考，完成线段图，交流讨论，建立等量关系，列出方程，规范解答。

学生作品展示	生生互评
	优点：借用上一问"线段图"生成本例"线段图"； 生评建议："线段图"中字母 x 的使用存在歧义
	优点：简洁、清晰； 生评建议：审题时错将联络员理解成了从后队出发，设未知数的过程不够规范

第四环节　拓展创新，强化目标

【教学内容】

例3：学校举行健步行，学生要到距学校 15 km 远的拓展中心集合。七（1）班的学生组成前队，步行速度为 4 km/h，七（2）班的学生组成后队，若想在到达目的时候刚好追上前队，后队的速度应该定为多少？

【设计意图】再次对例题进行变式，将速度作为未知量，提高了思维难度。让学生再次体会通过线段图建立等量关系的优越性。

【教学策略】将速度作为未知量，学生难以直接求解。通过画线段图分析问题，可以直观地看出解决问题的关键是追及时间，且前队、后队所用追及时间是相同的。

第五环节　反思提炼，纳入系统

1. 分析行程问题的好方法：画线段图。

2. 会借助线段图总结行程问题中的等量关系。

【设计意图】总结本节课所学内容，在知识和能力上建构体系。

【教学策略】引导学生用自己的语言总结解决行程问题的好方法：利用线段图，发现等量关系。

（二）"函数"板块问题解决教学策略

函数是一种重要的数学思想，是实际生活中数学建模的重要工具，二次函数的教学在初中数学教学中有着重要的地位。本节内容的教学，在函数的教学中有着承上启下的作用。它既是对已学一次函数及反比例函数的复习，又是对二次函数知识的延续和深化，为将来二次函数一般情形的教学乃至高中阶段函数的教学打下基础，做好铺垫。

在本章前，学生已通过探索变量之间的关系、探究一次函数和反比例函数，逐步建立了函数的基础知识，初步积累了研究函数性质的方法及用函数观点处理实际问题的经验。在本章的学习中，学生已研究了二次函数及其图象和性质，并掌握了求二次函数最大（小）值的一些方法，这些知识都为本节课的学习奠定了良好的知识基础。

学生在求函数最值时，往往难以在脑海中将实际问题情境与函数及其图象有效结合。通过多媒体技术的演示，让学生能够直观地观察，有利于学生理解问题本质。

本节课第一环节通过对二次函数的基本知识进行回顾，激活学生经验，为后面利用二次函数解决面积最值问题方法的探究做铺垫。第二、三环节带领学生初步制定利用函数求解面积最大值类问题的一般思路，并将方案加以实施。第四环节通过一个无法在顶点处取得最值的情境，让学生们体会自变量取值范围对取函数最值的影响。

教学过程中，教师不把现成的结论和方法直接告诉学生，而是引导学生在独立思考、自主探究的基础上归纳结论，激发学生的探索精神和求知欲望。教学设计是建立学生已有的二次函数的性质的基础上，引导学生开展观察、类比、讨论、归纳探究活动，在活动中向学生渗透类比归纳、联想转化的数学思想，以及由特殊到一般的研究方法。

学生在归纳利用二次函数求解面积问题的一般思路过程中，认识数学的抽象性、严谨性，养成认真勤奋、独立思考等学习习惯，形成严谨求实的科学态度。

课例：二次函数的应用

一、课时目标

经历求最大面积的探索过程，体会二次函数是一类最优化的数学模型，感受数学的应用价值。能分析和表示实际问题中变量之间的二次函数关系，并运用二次函数知识求出实际问题的最大（小）值，增强解决问题的能力。

二、教学过程设计

第一环节　活动准备

【教学内容】

问题1：阅读表格，回顾已经学过的函数，梳理函数学习的一般思路。

函数	定义	图象	性质	应用
一次函数	$y=kx+b$（k、b 是常数，且 $k\neq0$）	一条直线 $k>0$ $\quad$ $k<0$	$k>0$ 时，y 随 x 的增大而增大；$k<0$ 时，y 随 x 的增大而减小。	√
反比例函数	$y=\dfrac{k}{x}$（k 是常数，且 $k\neq0$）	双曲线 $k>0$ $\quad$ $k<0$	$k>0$ 时，图象在一三象限，在每一象限内，y 随 x 的增大而减小；$k<0$ 时，图象在二四象限，在每一象限内，y 随 x 的增大而增大	√
二次函数	$y=ax^2+bx+c$（a、b、c 是常数，且 $a\neq0$）	抛物线	a、b、c	
	$y=a(x-h)^2+k$（a、h、k 是常数，且 $a\neq0$）		a、h、k	

问题 2：回顾旧知

◎二次函数的一般形式：_____.

它的顶点坐标为：_____.

◎二次函数的顶点式：_____.

它的顶点坐标为：_____.

$$y = a (x-h)^2 + k \ (a \neq 0)$$

$a < 0$ $\qquad\qquad\qquad\qquad$ $a > 0$

开口向____，有最____值。 $\qquad\qquad$ 开口向____，有最____值。

当 $x = $ ____ 时，y 最____值 = ____。 $\qquad$ 当 $x = $ ____ 时，y 最____值 = ____。

【设计意图】回顾学习函数的基本路径以及二次函数最值的求法。

【教学策略】问题1以大单元教学思想为指引，引导学生：定义、图象、性质、应用，从而引入本节课课题。问题2带领学生回顾通过二次函数关系式求函数最大值的基本方法，为本节课的探究做好铺垫。

第二环节　方案设计

【教学内容】

活动1

如图，已知△AEF是一块直角三角形铁板余料，$AE = 30$ cm，$AF = 40$ cm。若在△AEF上截出一矩形零件，要求矩形零件的各顶点都在△AEF的边上。

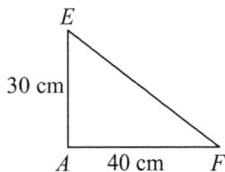

（1）请根据已知条件画出示意图。

（2）不同的示意图中，所截矩形的面积变化了吗？如果变化了，最大面积是多少？小组交流讨论：你想如何解决这个问题。

【设计意图】通过一个实际的背景，让学生在思考所截矩形面积是否变化的过程中，自然将思维过渡到用函数去表示其变化情况，发展学生的应用意识。同时，小组合作交流的过程也培养了学生的合作能力、表达能力和创新意识，让学生初步体会到函数应用于实际生活的意义。

【教学策略】本环节充分体现了以学生为主体的教学思想。一方面，开始时不急于直接告知学生要用函数来表示所截矩形的面积与长和宽的关系，而是通过向学生展示利用几何画板制作的矩形形状的变化过程，让学生自主发现，感悟应该使用函数来表示其中变量间的关系；另一方面，不急于直接给出解决面积最大值问题的方法，而是先由学生交流讨论，初步制订方案，后续再初步完善总结。

第三环节　活动开展

【教学内容】

请同学们利用小组交流后得到的研究方案来构建所截矩形面积与边长间的函数关系式，并求出所截矩形面积的最大值。

【设计意图】基于第二环节的生成，由学生将活动1的最大面积问题完成，让学生初步经历用二次函数解决实际问题的过程，增加学习体验感，更加体会二次函数的实用性。

【教学策略】为了让每一位学生都能得到充分的锻炼，在学生构建函数关系式的过程中，教师先及时收集学生方法并展示（预设此处会出现"利用相似""利用三角函数"以及"利用建立平面直角坐标系"等三种构建函数关系式的方法），引导学困生顺利渡过构建函数关系式这个难点，也为学优生扩宽了解决问题的思路。等全体同学都能够成功构建出函数关系式后再继续向后进行，求出函数最值，不让任何一个学生"掉队"。

第四环节　对比探究

【教学内容】

活动2

如图，四边形 $AGIH$ 是一块矩形铁板余料，长 $AG=$ 20 cm，宽 $AH=15$ cm。其中△ MIN 部分因为生锈无法用来制作零件，$MI=NG=5$ cm。若在五边形 $AGNMH$ 内部截出一矩形零件 $ABCD$，其中 AB 和 AD 分别在边 AH 和 AG 上，点 C 在线段 MN 上。求矩形零件 $ABCD$ 的面积最大值。

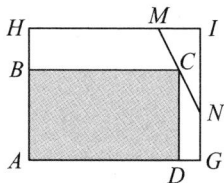

【设计意图】活动2与活动1相比的一个明显的区别为，活动2最终表示出的函数关系式无法在顶点处取最值，因此，预设学生会出现没考虑到自变量的取值对取最值的影响，仍然在函数图象顶点处取得最值的情况。本环节一方

面巩固了学生应用二次函数解决实际问题的能力，另一方面引导学生在应用二次函数解决实际问题时，务必关注自变量的取值范围。

【教学策略】为了让学生更加直观地理解自变量取值对函数取最值的影响，可以利用几何画板制作动画，将活动1和活动2两种图形和对应函数图象的变化情况进行动态对比展示，加深学生对于自变量取值范围影响的理解程度。

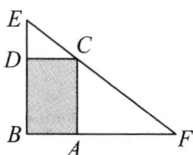

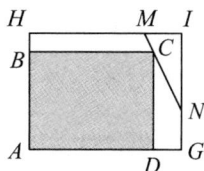

第五环节 提炼应用

【教学内容】

问题1：结合刚才的学习经验，谈谈利用二次函数求解面积问题的一般思路。

问题2：某农场要建一个矩形养鸡场 ABCD，养鸡场的一边靠墙（墙长 25 m），另三边用木栏围成，木栏总长 40 m。

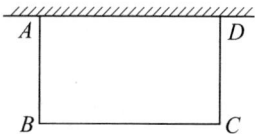

（1）若设养鸡场的 BC 边为 x m，面积为 S m²，写出 S 与 x 之间的关系式。

（2）当 AB，BC 分别为多少米时，养鸡场的面积最大？最大面积是多少？

（3）若墙长 16 m，（2）问的结论还正确吗？请说明理由。

【设计意图】本环节旨在引导学生结合前面两个活动的经验提炼出利用二次函数求解面积问题的一般思路。接着结合归纳出的方法再进行一个问题的解决，进一步巩固本节所学。

【教学策略】结合过程性评价，充分发挥学生的能动性，小组合作，自主完成，教师巡视及时点拨。

第六环节　反思提升

【教学内容】

请你结合以下角度谈谈你本节课的感受。

1. 你学到了哪些知识？

2. 你学到了哪些研究问题的方法？

3. 给你感受最深的是什么？

4. 你还有哪些思考和想法？

【设计意图】本环节旨在帮助学生梳理本节课的知识与方法要点，提炼解决问题的方法，形成知识体系，纳入学习系统。

【教学策略】引导学生系统回顾本节课所学，从而建立适合自己的解决方案和学法结构。

第七环节　课后巩固

【教学内容】

1. 基础题：一根铝合金型材长为 6 m，用它制作一个"日"字形的窗框，如果恰好用完整条铝合金型材，那么窗架的长、宽各为多少米时，窗架的面积最大？

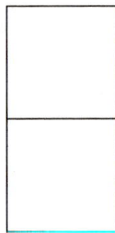

2. 拓展题：如图，在 Rt△ABC 中，∠$ACB = 90°$，$AB = 10$，$BC = 8$，点 D 在 BC 上运动（不运动至 B、C），$DE \parallel AC$，交 AB 于 E，设 $BD = x$，△ADE 的面积为 y。

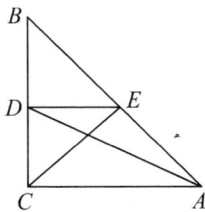

（1）求 y 与 x 的函数关系式及自变量 x 的取值范围；

（2）为 x 何值时，△ADE 的面积最大？最大面积是多少？

3. 探究题：为了保持室内空气的清新，某仓库的门动换气窗采用了以下设计：

如图 1，窗子的形状是一个五边形，可看作由一个矩形 $ABCD$ 和一个 △CDE 组成，该窗子关闭时可以完全密封，根据室内的温度和湿度也可以自动打开窗子上的通风口换气，通风口为△FMN（阴影部分均不通风），点 F 为 AB

的中点，MN 是可以沿窗户边框上下滑动且始终保持和 AB 平行的伸缩横杆。

设窗子的边框 AB、AD 分别为 a m，b m，窗子的高度（窗子的最高点到边框 AB 的距离）为_____cm。若金属杆 MN 移动到高于 CD 所在位置的某一处时通风口面积达到最大值，则 c 需要满足的条件是_____，通风口的最大面积是_____（用含 a、b、c 的式子表示）。

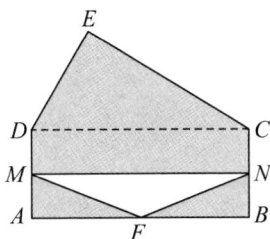
图 1

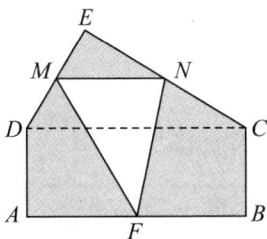
图 2

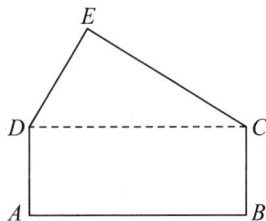
图 3

【设计意图】本环节设置分层作业。基础题巩固所学，全体同学完成。拓展题丰富算例，培养转化能力，自主选择完成。探究题感受分式加减运算在代数恒等变形中的综合运用，学有余力的同学自主完成。

【教学策略】根据学生不同的学情做不同的要求，学习能力强的学生可以上课进行补充练习，学习能力较弱的学生，课后完成基础题目即可。

第五章

"互动生成，内在建构"教学法在
"图形与几何"教学中的应用

一、"图形与几何"的整体结构

以《义务教育数学课程标准（2022 年版）》为研究范围，《课程标准》的"课程内容"第四学段将"图形与几何"分为三个分支，共有 92 个知识点（含选学内容）。其中，"图形的性质"内容最多，共有 59 个知识点，包括点、线、面、角 7 个知识点，相交线与平行线 15 个知识点，三角形 16 个知识点；四边形 6 个知识点；圆 10 个知识点；定义、命题、定理 5 个知识点；"图形的变化"共 25 个知识点，包括图形的轴对称 4 个知识点，图形的旋转 4 个知识点，图形的平移 3 个知识点，图形的相似 10 个知识点，图形的投影 4 个知识点；"图形与坐标"共 8 个知识点，其中图形的位置与坐标有 4 个知识点，图形的运动与坐标有 4 个知识点，从演绎证明、运动变化、量化分析三个方面研究这些图形的基本性质和相互关系。

细化分析"图形与几何"的知识点，包含概念的知识点有 33 个，包含性质及性质应用的知识点有 53 个，包含判定及判定的应用的知识点有 47 个（部分知识点的描述有重叠，包含概念、性质和判定），突出体现了初中数学核心素养主要要求的抽象能力、几何直观、推理能力（代数推理）、应用意识、创新意识。

"图形与几何"从纵向主线来看，"图形的性质"的知识内容包含概念、性质、判定、应用（证明、作图等），在教学时教师的教学设计和学生的学习路径可以建立起一定的学法结构，即研究"图形的性质"这部分的知识内容，我们遵循"概念→性质→判定→应用（证明、作图等）"的结构进行学习；"图形的变化"的知识内容包含概念、判定、性质、应用（图案设计等），在教学时教师的教学设计和学生的学习路径可以建立起一定的学法结构，即研究"图形的性质"这部分的知识内容，我们遵循"概念→判定→性质→应用（图案设计等）"的结构进行学习；"图形与坐标"的知识内容包含图形的位置与坐标和图形的运动与坐标，研究"图形与坐标"这部分的知识内容，我们遵循"确定物体位置（平面直角坐标系确定物体位置、方位角和角度刻画两个物体相对位置）→平面直角坐标系描述简单图形各个顶点→图形对称与点坐标变化之间的关系→图形平移与点坐标变化之间的关系→图形位似与点坐标变化之间的关系"的结构进行学习。

　　"图形与几何"整体纵向结构如图5-1所示。

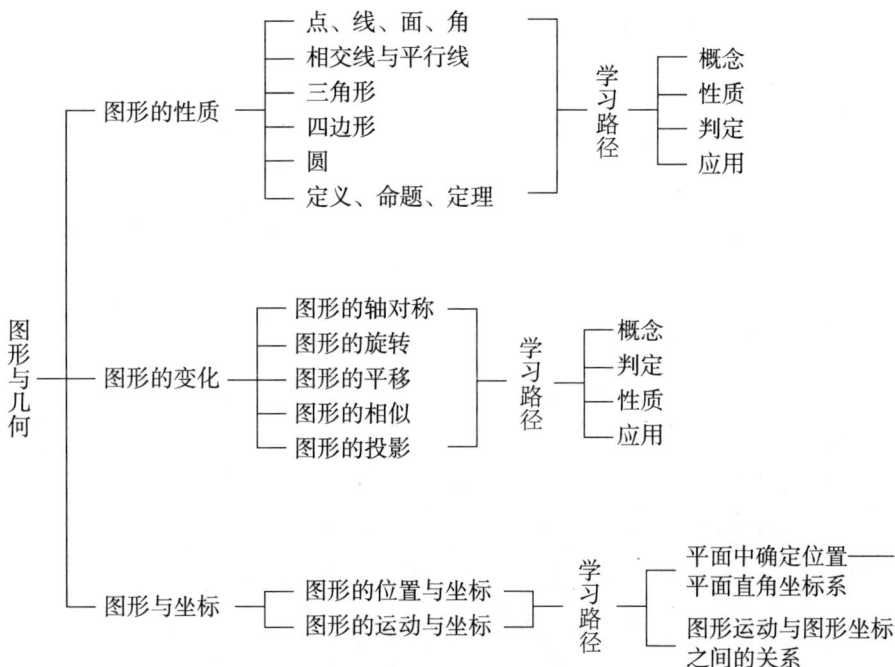

图5-1 "图形与几何"的整体纵向结构

"图形与几何"从横向主线来看，知识内容包含概念、性质、判定、应用四个主要部分，每个部分都具有自己的学法结构特点和教学法的细化教学策略，将在下文中进行详细介绍。

与"数与代数"类似，一横一纵两条主线，知识、能力、素养三层要求，形成一个整体的立体教学（学法）结构，站在高位俯瞰每一个教学单元和教学课时，都应服务于这个教学整体的学法结构，帮助学生形成结构化的学习视角和学法结构，更高效地进行数学学习。

二、"图形与几何"概念课型篇

在《义务教育数学课程标准（2022 年版）》"数与代数""图形与几何""统计与概率""综合与实践"四个学习领域中，"图形与几何"有着非常重要的地位，通过对图形的性质、图形的变化、图形与坐标三大板块的概念、性质、判定、应用的学习，全面培养学生的综合能力和数学核心素养。其中，概念的学习首当其冲。

"图形与几何"概念作为数学概念的一种，除了具有一般概念相同的结构外，还具有特殊的思维形式的特征。①概念的表述具有高度概括的特点；②概念反映的往往是现实生活中具体事物中的抽象模型；③概念在生成过程中往往借助归纳的方式；④概念的形成过程是人进行的特殊活动，即发现、组织、归纳、总结的过程；⑤在人的意识中形成的几何概念，与相应的几何表述语言、图形和符号表达是分不开的，需要完成图形语言、符号语言和文字语言的理解与转换。

"图形与几何"概念重视发展学生的几何直观，其产生主要有以下几种途径：有的概念是直接从现实模型中抽象概括，如几何中的点、线、面、体概念；有的概念是人们将客观事物的属性理想化、纯粹化而得到的，如利用"直"可以"无限延伸"等特征来描述直线概念；还有的概念是在一定的数学对象结构中产生的，如"三线八角"的数学概念。

（一）教学法细化实施策略

《义务教育数学课程标准（2022 年版）》"课程内容"第四学段对于"图

形与几何"包含概念的知识点有 33 个，远远多于"数与代数"，但是在教学中对与"数与代数"中的概念，教师往往比较重视，在当前各版本教材中，"数与代数"的概念往往作为独立课时呈现，对于"图形与几何"的概念教学，教师往往一带而过。在当前各版本的教材中，往往将"图形与几何"的概念教学、生活中的问题解决、数学中的问题解决或者与性质（判定）中的前几条进行合并，作为一个课时呈现，给教师（学生）以"图形与几何"的概念教学（学习）不重要的错觉。

实际上，教师和学生在教学中产生"图形与几何"的概念教学不重要的错觉，是对其教学重要性的认知和教材编排的理解不到位造成的，认为在"图形与几何"中，相关概念都是通过几何直接观察得到的，渗透的核心素养的主要表现也只有几何直观，没有发现或者没有重视——数学中任何一个概念都具备判定和性质的特点，对于几何图形、图形变换等，它的概念就是第一条性质，也是第一条判定，把概念与部分性质（判定）合并为一个课时，是对其概念的内涵和外延的深入挖掘，充分体现出概念教学对学生培养（演绎）推理能力的巨大作用。

关于"图形与几何"的概念，在教学中不能将概念教学通过观察一带而过，而是在概念生成之后，引导学生充分挖掘它的性质（判定）功能，并以此为依据，或解决生活中的实际问题，或解决数学中的未知问题，或运用概念的性质（判定）功能，将通过直观观察就发现的简单性质（判定）进行推理证明，形成以概念为第一条性质（判定）的系列性质，并在下一课时以其为依据探寻、发现、证明更多的性质（判定）。应用教学法的逻辑结构图如下：

图 5-2 "图形与几何"应用教学法的逻辑结构

（二）"图形的性质"板块概念教学策略

1."同位角、内错角、同旁内角"

"图形的性质"中的几何图形包括封闭图形和非封闭图形，非封闭图形主要指"点、线、面、角"。

"同位角、内错角、同旁内角"是"点、线、面、角"中的一节核心概念课，它承载着初中几何两条直线相交中的两角关系与三线相交的两角关系的连贯性。在同位角、内错角、同旁内角的联结下，三线相交两角关系与平行线的判定和性质所学知识点形成一个连贯的整体，不再孤立存在。同位角、内错角、同旁内角作为平行线研究的起始课，对平行线的研究起着举足轻重的奠基作用，具有普遍性、持久性、中心性及迁移性特征，能够帮助学生深入理解平行线的判定与性质，不是仅掌握零散的知识点，而是能够理解平行线的判定与性质的本质和基本原理，也为以后平行四边形、全等、相似图形等的学习打下坚实的基础。

同位角、内错角、同旁内角是学习平行线的准备，目的是正确使用平行线的判定和性质，涉及的图形比较基本，概念的形成和理解以及能在基本图形中熟练识别是本节课的重要目标。从概念的形成到理解运用是从感性到理性的升华，感性认知具有直接性、生动性和具体性，是理性认知的基础。在感性认知的基础上，利用举例、判断、比较、验证等，让学生学会理性思维，不轻而易举地接受"然"，而是千方百计地弄清"所以然"，从而有效地实施概念课教学。基于感性认识的概念课教学实践，填补了传统教学太过死板的遗憾。通过探究活动的设置，让学生在做中学、有趣地学，使学生思维的"琴弦"不断振动，使学生快乐的"音符"跳动于整个课堂。

在进行"同位角、内错角、同旁内角"的概念教学时，应遵循整体性、渐进性、激发兴趣、问题导向、自主学习等策略。整体性策略是指将知识点联合成一个整体，形成完整的知识体系。渐进性策略是指教学过程中应该由简单到复杂、由易到难、循序渐进地引导学生理解和掌握知识。激发兴趣策略是指通过丰富、有趣的教学活动，提高学生的学习热情和求知欲。问题导向策略是指引导学生通过提出问题、解决问题的方式来学习和理解知识。自主学习策略是指学生作为学习的主人，自主参与学习过程。

课例：同位角、内错角、同旁内角

一、课时目标

经历观察描述、辨析分类、提炼概念的过程，体会同位角、内错角、同旁内角命名的由来与思想方法，理解概念内涵，能在基本图形中找到同位角、内错角、同旁内角，培养抽象概括问题的能力，进一步发展空间观念。

二、教学过程设计

第一环节 情境引入

【教学内容】

风筝起源于中国，是一门古老的艺术。相传最早在春秋战国时期，墨翟"费时三年，斫木为鸢，飞升天空"。汉朝时期，蔡伦发明造纸术，开始以纸为材料制作；唐朝时期，有人加入了琴弦，风一吹，就发出像古筝那样的声音，始叫"风筝"。马可·波罗自中国返回欧洲后，风筝传到世界各地，据说莱特兄弟发明飞机就是源于对风筝的着迷。

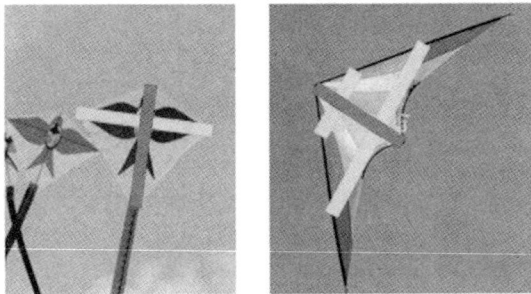

配着《又是一年三月三》的歌曲，学生欣赏风筝的各类图片和风筝文化背景的介绍，教师提出问题：观察图中风筝的骨架结构，你有什么发现？

问题：两条直线相交交于一点，从这个顶点出发有几个角（平角、周角除外）？角与角之间有什么样的位置和数量关系？

【设计意图】由学生熟悉的生活中的风筝引入，进行数学文化渗透，调动学生的学习兴趣。复习两条直线相交的过程，为两条直线被第三条所截的自然过渡做好铺设，也为后面抓住截线识别角与角的位置关系打下基础，实现知识的承接和构架。

【教学策略】学生抽象出几何图形，发现骨架是熟悉的"两条直线相交"和"三条直线相交"。对于4个角，大部分学生能找到对顶角和邻补角。部分学生还会发现有2组对顶角相等，邻补角互补的数量关系，但对于4对不重不漏的邻补角，不易发现，教师可进行有序分析和引导，为"三线八角"的探索做好方法的铺垫。

第二环节　探寻新知

【教学内容】

探究活动1

三条直线有哪些位置关系？想一想，再画一画。

学生画出三条直线各种情况，4人为学习小组，小组内分享并进行黑板展示和补充。黑板上会出现图1至图5的5种情况的展示。

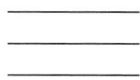  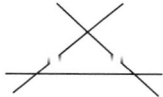 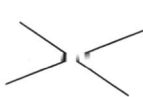 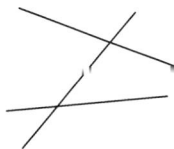

图1　　　　　图2　　　　　图3　　　　　图4　　　　　图5

问题1：图5是新的情况吗？

问题2：如果要研究三条直线相交，你选择哪一种？为什么？

【设计意图】由情景引入探究活动1，进一步启发学生关于三条直线位置关系的思考，挖掘图与图之间的联系，提炼出"三线八角"中"三线"的基本模型，为接下来研究"八角"做好铺设。

【教学策略】学生易于发现图1至图4的情况，教师适时点拨补充图5情况。问题 1 引导学生充分讨论，发现图 5 与图 3 是同一种情况。问题 2 学生会从不同角度选择，学生充分发表意见，老师给予鼓励，再引导学生思考：哪一个图形更具一般性呢？学生分析，图 1、图 4 极特殊，图 2 较特殊，而图 3 更具一般性，图 5 作为图 3 的一部分，更便于研究。

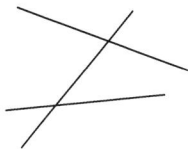

图 5

【教学内容】

探究活动 2

请画出图 5 中所呈现的角（不含平角、周角），并研究这些角与角之间有哪些关系。小组分享研究成果。

【设计意图】通过充分的活动，让学生自主探究不共顶点的两角之间的位置关系，由特殊到一般，在过程中感知不共顶点的两角之间的位置关系，再用语言描述，充分发挥学生的观察力、概括力与创造力，让学生变成课堂的主人，自主探究，上台展示，教师引导，在轻松的氛围中进行了概念教学，也让学生对"三线八角"的角与角的关系聚焦于截线和被截线的位置分类，从而对其有了较为深刻的位置分布的过程体验和感悟，也为进一步探究同位角、内错角、同旁内角的位置分布做好铺垫和问题延续。

【教学策略】

1. 学生展示画出的 8 个角，根据前面的铺设学生会选择研究同一顶点出发的角与角的关系；学生还会选择研究从不同顶点出发的角与角的关系，因为前面已经知道同一顶点出发的角与角的位置和数量关系；学生还会分析，这里不同顶点的角与角的数量关系是变化的，所以想研究位置关系。对于不同顶点的角与角的研究，学生会选择 $\angle 1$ 与 $\angle 5$、$\angle 6$、$\angle 7$、$\angle 8$，或 $\angle 2$ 与 $\angle 5$、$\angle 6$、$\angle 7$、$\angle 8$，或 $\angle 3$ 与 $\angle 5$、$\angle 6$、$\angle 7$、$\angle 8$，或 $\angle 4$ 与 $\angle 5$、$\angle 6$、$\angle 7$、$\angle 8$ 这 16 种情况中的某一种进行分析。在位置分析前由于学生会有困难，此时，教师给予探究方向的点拨。

2. 教师追问：若将 AB、CD 看成截线，EF 看成被截线，从被截线的角度看，从不同顶点出发的角与角的位置分布有哪些情况？从截线的角度看，是否一样？如果不一样，有什么不同？

3. 聚焦被截线的位置，学生可能进行左右之分，教师给予启发：左右、右左分布和左左、右右分布是否可以统一？引导学生截线的位置可分为同侧、异侧两种情况。聚焦截线的位置，学生可能进行上下之分，如上上、下下、上下、下上；也可能进行内外分，如外部、内部、一内一外、一外一内分。此时，教师给予启发：一内一外和一外一内的分布是否也可以统一？引导学生，被截线的位置可分为外部、内部、同方向三种情况，观察从不同顶点出发的角与角的位置关系。

【教学内容】

探究活动 3

请在图 9 中找出分别与图 6、图 7、图 8 中角与角的位置关系相同的角的组合，尝试从截线被截线的位置分布、形状、形象手势表示等描述它们的共同特征并命名。可采用表格形式完成，完成后小组分享研讨。

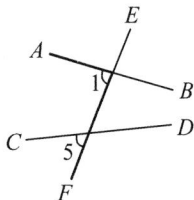

图 6

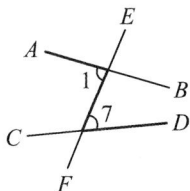

图 7

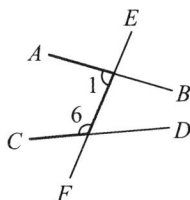

图 8

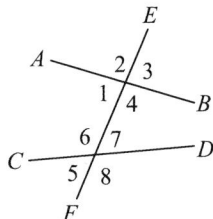

图 9

【设计意图】进一步深化概念。虽然概念存在不同的表述，但是一个概念的准确含义只有一个——这个概念的本质属性。通过表格形式，为学生搭建三类角的研究支架，理清哪两条直线被哪条直线所截所形成，清楚条理，有利于学生自主思考，形成方法。填完表后，学生小组分享。采用小组合作形式，重在培养学生的合作能力和探索精神，学生可以各抒己见，挑战自我，又能相互借鉴，更多角度、透彻地理解同位角、内错角、同旁内角的位置关系。

【教学策略】学生对于同类位置分布的角不好找，教师可建议先观察角的组合有什么样的位置关系，再找与之相同的位置关系的角组合。对于角组合的共同位置关系，学生可能从被截线的位置分布、截线的位置分布、从总体看形状特征、形象手势表示等不同角度描述共同特征，这些都能使学生对同位角、内错角、同旁内角的位置分布有多元的理解。这里，学生对于角的命名有不同表述，但对图形本质的理解是相同的，都要给予及时鼓励。学生对于形状特征的描述，不聚焦答案，重点放在截线、被截线位置的感悟和体验上，可引导学生去用"描边法"观察角的形状，为后面复杂图形中"同位角、内错角、同旁内角"的识别做准备。

角的组合	位置相同	被截线 AB、CD	截线 EF	形状特征	用手势表示	角的命名
∠1与∠5	∠2与∠6、∠3与∠7、∠4与∠8	同方向	同侧	F型		同位角
∠1与∠7	∠4与∠6	内部	异侧	Z型		内错角
∠1与∠6	∠4与∠7	外部	同侧	U型		同旁内角

第三环节 课堂练习

【教学内容】

两人小组合作：一位同学用三根（或三根以上）木棒任意摆出三线相交情况，另一位同学画图并指出图形中的同位角、内错角、同旁内角，再由第一位同学判断对错。如有争议，进行4人小组讨论。

【设计意图】在不削弱数学概念的科学性的前提下，遵循学生学习数学的心理规律，从学生已有的生活经验出发，做手势、联想字母、起名字描述特征，练习设计成开放的问题，既丰富又分层，让学生充分动手动脑，着力创设生动的课堂，让学生理解和掌握并运用概念，获得创造的快乐体验。

【教学策略】

1. 学生用木棒组合的图形可能如下。

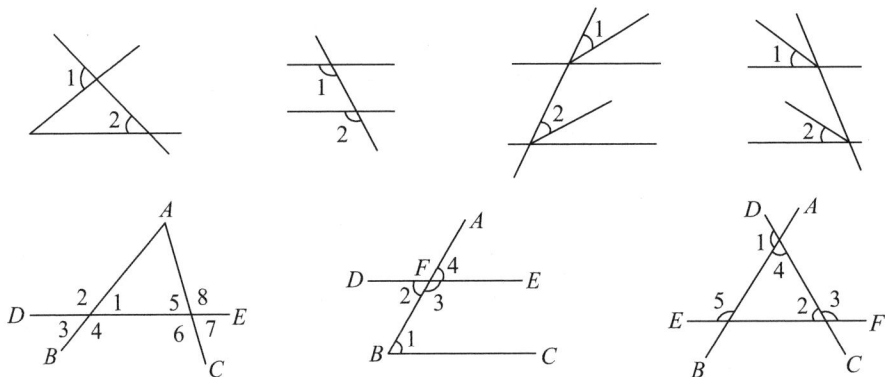

2. 教师根据小组汇报的情况，提出问题：找出图形中的同位角、内错角、同旁内角的关键是什么？你们小组有哪些收获？

3. 学生派代表进行黑板前的分享发言，总结关键是确定好截线和被截线，再根据位置特征去找同位角、内错角、同旁内角；或通过描边法根据形状去判断。

4. 学生分享的收获可能有：同位角、内错角、同旁内角必须是三条直线所成。截线不同，同一个角的同位角、内错角、同旁内角也不同。两个角若有一边共线，这条直线就是截线，其余两边所在的直线是被截线……

第四环节　小结与反思

【教学内容】

1. 总结"同位角、内错角、同旁内角"的特征。

2. 分享探究过程中用到的数学方法和辨识"同位角、内错角、同旁内角"的方法。

【设计意图】梳理本节重难点，归纳总结，丰富已有线、角关系，形成新的知识脉络。

【教学策略】引导学生回顾全课，学生广泛交流，在充分理解知识形成能力的基础上，积累更多的数学活动经验。

2."三角形"

三角形是"图形的性质"中封闭图形中的基础图形，也是封闭图形中的核心图形，四边形的问题往往都可以转化为三角形的知识进行解决，所以三角形的概念是封闭图形概念中的一节核心概念课。

学生在学习过程中已对图形的概念、线段及角的表示法、线段的测量等有了一定的认识，为认识三角形概念、表示法的学习奠定了基础。在小学已经学习了有关三角形的一些初步知识，能在生活中抽象出三角形的几何图形，并能给出三角形的简单概念及一些相关概念，但不够严密，教师要相对严密地给出概念。让学生掌握三角形的概念，能指出三角形的顶点、边、角等基本元素以及三角形内的一些特殊线段，能用适当的符号表示三角形以及这些基本元素和特殊线段，获得一定的推理活动经验；能应用三角形的稳定性解决一些简单的问题。

本节课作为封闭图形的章节起始课，首先通过数学文化引出三角形，通过动态展示，形成多种情况，总体感知学习方向，类比前期非封闭图形的学习经验，帮助学生整体建构封闭图形的学习路径。进而通过几何画板课件，动态感知三角形的概念和形成条件，关联前面学习的"线、角"的知识，探寻三角形内部的特殊线段，表示并初步了解它们的特点，为后续学习做好铺垫。最后回归生活，了解并应有三角形的稳定性，从整体建构完整的三角形概念。

课例：认识三角形

一、课时目标

通过观察、操作、想象、推理"三角形内角和等于180°"的活动过程，发展空间观念、推理能力和有条理地表达的能力。让学生在数学活动中通过相互间的合作与交流，培养协作意识及数学表达能力。在探究学习中体会数学的现实意义，培养学习数学的信心，体验解决问题方法的多样性。

二、教学过程设计

第一环节　回顾旧知，梳理结构

【教学内容】

活动1：回顾直线、角的知识，采用表格（思维导图）形式进行梳理。

活动2：学生展示作品，班级互动订正。

【设计意图】图形的学习始于直线，到三角形形成完整的学习结构，梳理已有知识，为三角形概念学习和三角形知识体系化学习铺垫基础。通过梳理直线和角的知识结构，学生发现对于图形的学习，是按照"定义→表示→分类→性质→关系→特例"的结构进行学习。

【教学策略】活动1提前一天布置，让学生充分回顾旧知并进行表格（思维导图）梳理，培养学生形成数学知识结构和学法结构的习惯和能力。活动2课前2分钟进行，师生互动查缺补漏，完善学生已有知识结构和学法结构。

【教学内容】

第二环节　问题思考、引入新知

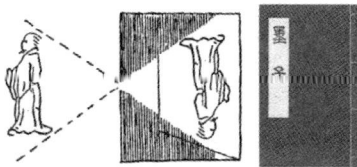

图1

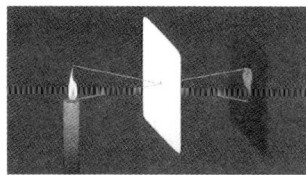

图2

活动1（播放小孔成像微视频，图1）

（师）2000多年前，我国思想家墨子发现了"小孔成像"光学现象，思考一下其中蕴含的数学问题。

（师）（展示小孔成像课件，图2）同学们发现了什么图形？

（生）三角形。

（师）发现了几个？

（生）两个。

（师）它们之间存在什么关系吗？

（生）完全一样。

（师）图形如果完全相同，在数学上称为全等。

（师）（移动小孔位置）现在还全等吗？

（生）不全等，大小变了。

（师）图形如果形状相同，大小不一定相等，这在数学上称为相似。

活动2（动态移动小孔位置）

（师）观察图形变化，你能提出什么数学问题？

（生1）小孔移到什么位置，"像"的长度会是"物"高的2倍？

（生2）小孔移到什么位置，左侧三角形会比右侧三角形面积大？

（生3）小孔移动的位置和"物""像"大小关系之间存在怎样的关联？

…………

（师）同学们提出的数学问题非常全面，这些问题都是围绕三角形产生的。在学习三角形知识过程中，同学们可以逐步解答这些问题，今天我们就走入三角形的学习！

【设计意图】通过跨学科的生活问题引发学生数学观察、数学思考，提出数学问题，整体认知三角形，激发学习三角形知识的兴趣，锻炼逻辑思维和创造性思维，引导学生用数学的眼光观察现实世界，用数学的思维思考现实世界。

【教学策略】活动1通过小孔成像微视频，让学生了解我国文化发展源远流长，培养学生以国为荣的爱国情怀，落实立德树人的目标要求。活动2通过情境展示，聚焦三角形图形同时，培养学生用数学的眼光多角度观察、思考现实世界的能力。活动3通过动态展示，拓展三角形认知的同时，培养学生用数学的思维多角度思考、提出问题的能力。

第三环节　整体建构，学习定义

【教学内容】

（师）类比直线、角，可以采用怎样的路径进行学习三角形？

（生）"定义→表示→分类→性质→关系→特例"。

（师）采用表格的形式尽量写出你已经学习过的三角形知识，看谁写得又多又好。

（师）有同学写三角形的定义是三条线段，任意的三条线段能否构成三角形？

（生）不能。

（师）三条线段存在怎样的关系才能构成三角形？

（生）围成封闭图形。

（师）三条线段怎样才能围成封闭图形？谁能用学件演示一下？

（生）（用几何画板演示三条线段围成三角形）。

（师）这种首尾顺次相连的方式才能围成封闭图形。

（师）为了首尾顺次相连能连上，大家发现第三条线段需要满足怎样的条件？

（生）第三条线段"头"够到第二条线段的"尾"的同时，还要够到第一条线段的"头"，所以对第三条线段有长度要求。

（师）（如图3所示，固定学件中的长线段，转动短线段，让学生观察第三条线段）长度有怎样的要求？

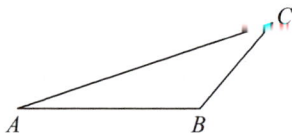

图3

（生1）如果第三条线段的长度等于第一条线段和第二条线段的长度和，三条线段就在一条直线上，不能围成三角形。再长，第三条线段的"尾"超出第一条线段的"头"，不能围成封闭图形。所以，要小于第一条线段和第二条线段的长度和。

（生2）如果第三条线段的长度等于第一条线段和第二条线段的长度差，三条线段在一条直线上，不能围成三角形。再短，第三条线段的"尾"够不到第一条线段的"头"，不能围成封闭图形。所以，最短也要大于其余两条线段中的长线段和短线段的差。

（师）所以围成三角形的三条线段有长度的要求，其中任意一条线段都要大于其余两条线段中长线段与短线段的长度差，小于其余两条线段中长线段与短线段的长度和，这样的三条线段才能做到首尾相连构成三角形，在后续三角形的学习中我们还将深入探究。

（师）（画三角形，结合图形讲解，如图4所示）三条线段围成三角形后，三条线段叫作三角形的边，线段交点叫作三角形的顶点，边与边的夹角叫作三角形的内角，相对的边和内角互为对边、对角，相邻的边和内角互为邻边、

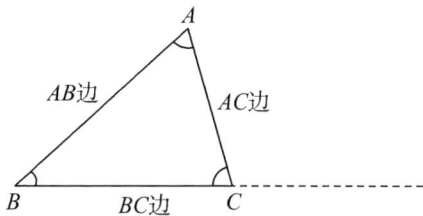

图4

邻角，边与相邻边延长线的夹角叫作三角形的外角。顶点可以用来表示三角形，如△ABC。

【设计意图】类比直线、角的学习结构形成三角形的学习路径，站在高位整体认知三角形知识的学习方向和探究内容。三角形的定义是本节核心知识，《课程标准》要求"理解"三角形的概念。

【教学策略】教学中，学生易于感知，难于严谨理解，对此采取结构化设计，逐层探究，步步深入：三条线段具备关联关系才能叫作三角形——这个关联关系是要围成封闭图形——围成封闭图形就必须要首尾相连——首尾相连就会对线段长度有要求——只有满足长度要求的三条线段才能进行首尾相连，构成三角形，切实达成课标的要求。

第四环节　研讨分类，明晰标准

【教学内容】

活动1

（师）每位同学画3个不同三角形，感知三角形可能的不同之处，小组交流三角形如何分类。

（生1）可以从边进行分类：①三边都不等的三角形；②两边相等的三角

形：等腰三角形；③三边相等的三角形：等边三角形。

（生2）从边进行分类：①各边都不相等的三角形；②有边相等的三角形。

（师）有边相等的三角形叫作等腰三角形还是等边三角形准确？等腰三角形和等边三角形之间的关系是怎样的？

（生1）有边相等且至少有两边相等，一定是等腰三角形。有边相等且不一定三边都等，不一定是等边三角形，所以叫等腰三角形准确。

（生2）两边相等是等腰三角形，三边都等是等边三角形，两边相等可以包括三边相等，所以等腰三角形包括等边三角形。

（师）从边的相等关系分类：三边都不等的三角形；等腰三角形，等腰三角形中包括等边三角形。（展示结构图如图5所示）

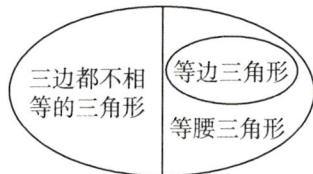

活动2

（生1）从角进行分类：①最大内角是钝角的三角形是钝角三角形；②最大内角是直角的三角形是直角三角形；③最大内角是锐角的三角形是锐角三角形。

（生2）①有一个内角是钝角的三角形是钝角三角形；②有一个内角是直角的三角形是直角三角形；③三个内角都是锐角的三角形是锐角三角形。

（师）最大内角是钝角的三角形是钝角三角形和有一个内角是钝角的三角形是钝角三角形的表述意义是否存在矛盾？

（生）三角形的内角和是180°，最多存在一个钝角，所以表述意义不矛盾。

（师）从内角的大小关系分类：钝角三角形、直角三角形、锐角三角形。

活动3

（师）从边分类是按照边的相等关系进行的，从角分类是按照角的大小关系进行分类，类比边的分类标准，角也从相等关系分类会怎样？类比角的分类标准，边也从大小关系分类呢？小组分工探究。

（生1）我们探究的结论是：如果三个角都不相等，画出三角形三边都不相等，是三边不相等三角形。如果两个角相等，画出三角形两个角的对边相等，是等腰三角形。如果三个角都相等，画出的三角形三边相等，是等边三角形，与从边进行的同标准分类结论是一样的。

（师）所以在边上按照相等关系分类后，在角上没有必要按照相等关系进行分类了，因为它们的分类结论是一致的。

（生2）我们探究发现三边长短的不同应该也能分出钝角三角形、直角三角形、锐角三角形的类似结论，但是找不出线段长短应该满足的标准。

（师）你们的发现已经很了不起了，这个标准数学家是用了很长的时间才发现的，并由此引发了数域的大变动，后期我们会学习这个标准。

（师）通过探究我们发现三角形可以从边相等关系和角大小关系进行分类，而且可以发现三角形的边、角关系密切，特别是相对的边、角。

【设计意图】《课程标准》第二学段（3～4年级）有"会根据图形特征对三角形和四边形进行分类"的要求，说明学生在小学阶段已经简单学习过三角形分类，此处是在小学分类基础上进一步提升学生对标准的把握，在完善三角形知识体系和学法结构的同时，进一步达成课程标准对三角形定义特别是边、角要素的"理解"要求，明确三角形的边、角关系密切，为后续学习三角形的边角关系等一系列知识做好铺垫。

【教学策略】活动1中学生从边进行分类，明确分类标准是：边与边之间的相等关系，明晰等腰三角形和等边三角形的包含关系。活动2中学生从角进行分类，明确分类标准是：最大内角与直角的大小关系，明晰三角形内角和180°对最大内角的制约。活动3中学生从相等关系和大小关系入手进行补充分类，发现类似结论，从思维深处感知三角形边、角之间"可以互换"的密切关联，为后续学习打好知识和技能基础。

第五环节　结构关联，学习"三线"

【教学内容】

（师）三角形的边的本质是线段，线段我们学过中点，连接顶点和对边中点的线段，叫作三角形的中线（板演一条中线，如图6所示）。三角形有几条中线？

（生）三条。

（师）小组 3 人分工分别选择锐角三角形、直角三角形和钝角三角形中一个，画出三角形并做出三条中线，完成后交流作图收获。

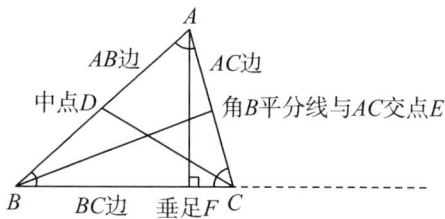

图 6

（生）我们小组发现，无论哪种三角形，三条中线都交于三角形内部一点。

（师）大家都是这个结论吗？这个交点叫作三角形的重心。这种获取结论的方法称为归纳法。

（师）角有角平分线，三角形的内角也有角平分线，三角形内角平分线与对边交点连成的线段，叫作三角形的角平分线（板演一条角平分线，如图 6 所示）。三角形有几条角平分线？

（生）三条。

（师）小组 3 人分工选择锐角三角形、直角三角形和钝角三角形中的一个，画出三角形并做出三条角平分线，完成后交流收获。

（生）我们小组发现，无论哪个三角形，三条角平分线都交于三角形内部一点。

（师）大家都是这个结论吗？这个交点叫作三角形的内心。

（师）学习三角形面积我们知道，三角形有高线，过顶点向对边做的垂线段，叫作三角形的高线（板演一条高线，如图 6 所示）。三角形有几条高线？

（生）三条。

（师）小组 3 人分工选择锐角三角形、直角三角形和钝角三角形中一个，画出三角形并做出三条高线，完成后交流作图收获。

（生）我们小组发现锐角三角形三条高线交于三角形内部一点，直角三角形三条高线交于三角形直角顶点，钝角三角形三条高线交于三角形外部一点。

（师）大家都是这个结论吗？这个交点叫作三角形的垂心。

（师）三角形的中线、角平分线、高线是三角形的重要线段，将已经学过的直线、角的知识与三角形的知识密切关联起来。通过三角形三条中线（角平分线、高线）的交点位置，你能否判断出是锐角三角形、直角三角形、钝角三角形中的哪一种？

（生）高线交点位置可以，中线、角平分的交点位置都在三角形内部，判定不出。

（师）已知△ABC中两条中线AD、BE交于O点，能否不找中点，快速画出第三条中线？

（生）三条中线交于一点，连接CO并延长，交AB于F，CF就是第三条中线。

（师）已知△ABC中两条角平分线AD、BE交于O点，连接CO，则CO一定平分∠ACB吗？

（生）三条角平分线交于一点，连接CO一定平分∠ACB。

【设计意图】理解三角形的"中线、高线、角平分线"。

【教学策略】此处是学生在三角形定义学习中初步接触概念，采取"线段中点—三角形中线，角的角平分线—三角形的角平分线，垂线段—三角形的高线"这种源于旧知建构新知的"知识关联"的教学方式，学生易于建立知识结构，通过"知识关联（师）→动手操作（生）→巡视纠错（师）→发现归纳（生）→对比特点（生）"的结构化教学设计，加深学生对概念的理解和区分。

第六环节 回归生活，解决问题

【教学内容】

帐篷是宿营的必备装备之一，它能够为户外爱好者提供安全、舒适的休息环境。帐篷通常由帐杆、帐布和附件等组成。帐杆是帐篷的支撑骨架，通常采用铝合金或碳纤维等材料制成；帐布则是帐篷的主体部分，通常采用防水、防风、抗紫外线的材料制成；附件则包括地钉、拉绳等用于固定帐篷的物品。

（师）现在提供有三角形、四边形和五边形的帐杆，为了能够让搭建的帐篷更加稳固，你会选择哪种图形的帐杆？为什么。

（生）选择三角形帐杆，因为三角形具有稳定性。

（教师使用教具展示三角形的稳定性，四边形和五边形压缩变形）

（师）设计师小明认为五边形的帐杆更美观，希望采用，你如何帮他加强五边形帐杆的稳定程度呢？

（生）可以在五边形帐杆内部再设计连接一些杆子，将五边形内部转化形成若干三角形，利用三角形具有稳定性增强帐杆的稳固程度。

【设计意图】结合生活情境与问题，了解并简单应用三角形的稳定性性质。

【教学策略】小孔成像问题是三角形知识单元的一个大问题，需要在单元学习中逐步解决，所以将本节课最后一个知识——三角形的稳定性设计为生活问题，让学生感知数学源于生活，归于生活，同时《课程标准》要求"了解三角形的稳定性"，依托生活背景，学生更易直观感受三角形稳定性的实际意义。

第七环节　反思展望，课后延伸

【教学内容】

（学生整理本节课的结构图，小组交流收获）

（师）后续我们要继续研究三角形的哪些知识？

（生）三角形的性质、关系、特例。

【设计意图】整理知识结构，从知识、能力多角度反思、交流本节课收获，积累数学活动经验，展望后续学习，明确探究方向。

【教学策略】引导学生充分讨论，相互补充，点拨学生从知识、方法上充分回顾、交流。

（三）"图形的变化"概念教学策略

"图形的变化"中图形的轴对称、图形的旋转、图形的平移、图形的相似、图形的投影五个核心概念，学生都易于通过实际生活情境感知概念，通过概括归纳获取概念，通过判断、简单应用理解概念。但对于图形的相似中，三角函数概念的引入，特别是该概念出现的必要性以及为什么采用"比"运算，学生都极难理解，教师也很难讲清，这是整个"图形的变化"概念教学的难点所在。

三角函数概念之所以难以理解，是因为它的形成并不是通过观察图形或图形变化，运用几何直观形成认知从而形成概念，而是在漫长的数学发展历程中，在解决一系列数学问题的过程中作为解决问题的工具逐步形成并加以完善，进而形成知识体系的。

对于三角函数的研究可以追溯到古希腊三角术，后来古印度人对三角术进行了进一步的研究。公元 5 世纪末的数学家阿耶波多进一步完善，也只是停留在计算方面。阿拉伯天文学家引入了正切和余切、正割和余割的概念，到了公元 14 世纪，阿拉伯人将三角计算以算术方式代数化，进入 15 世纪后，欧洲数学家开始制作更详细精确的三角函数值表。18 世纪开始，数学家们开始对三角函数进行分析学上的研究。欧拉对建立三角函数的分析处理做出了最主要的贡献。基于此，三角函数概念的讲解需要放在适合的问题情境中，在解决的过程中进行，这种方式可以让学生经历概念形成的全过程，易于理解、掌握和灵活应用。

本节课首先创设问题情景，基于学生的生活经验直观感受、推理判断梯子的倾斜程度，得出直角三角形中，一个锐角的对边与邻边的比值是随锐角的变化而变化的，再说明在直角三角形中，用一个锐角的对边与邻边的比值来定义正切是合理的，最后应用正切解决问题。学生在问题解决中形成探究方案，生成知识、方法。培养数学核心素养，教学过程中贯彻"教师为主导、学生为主体、探究为主线、思维为主心"的教学策略，引导学生主动参与课堂教学的全过程。

（四）"图形与坐标"板块概念教学策略

"图形与坐标"的核心内容是平面直角坐标系中，图形的形状、对称性、变化与组成图形的点坐标之间的关系，它的内容更多的是"图形的性质"和"图形的变化"两个板块知识的应用，核心概念就是平面直角坐标系的生成和建立规则。

平面直角坐标系作为数学中一个基础而强大的工具，其学习的重要性不言而喻。它不仅在数学学科内部占据着举足轻重的地位，更是连接现实世界与抽象数学理论的桥梁。首先，平面直角坐标系为我们提供了一种将几何问题代数化的有效途径。通过将点的位置用坐标表示，我们可以利用代数运算解决原本复杂的几何问题，如距离、角度、平行与垂直关系的判定与计算。这种数形结合的思想，不仅简化了问题解决的过程，也培养了学生的逻辑思维能力和抽象思维能力。其次，平面直角坐标系是学习函数的必备基础。在函数学习中，通过绘制函数图像并观察其在坐标系中的位置、形状和变化趋势，我们可以更直观地理解函数的性质、最值、零点等关键概念。此外，平面直角坐标系还广泛应用于物理、工程、计算机科学等多个领域。在物理学中，它用于描述物体的位置、速度、加速度等物理量；在工程领域，它则是设计图纸、进行工程测量和计算的重要依据；在计算机科学中，图形界面的绘制、游戏开发等也离不开平面直角坐标系的应用。

平面直角坐标系的产生源于平面内物体位置（点）的确定，可以从现实情境入手，感受建立平面直角坐标系的必要性，然后抽象出平面直角坐标系的相关概念，要求学生根据定义能写出给定点的坐标，以及根据坐标描出点的位置。

一方面，教师在教学过程中创设生动活泼、直观形象、贴近生活的问题情境，引发学生的关注，有利于学生对内容有较深层次的理解；另一方面，学生已经具备了一定的学习能力，可多为学生创造自主学习、合作交流的机会，促使他们主动参与、积极探究。

课例：位置的确定

一、课时目标

理解平面直角坐标系及其相关概念，能根据点写出相应的坐标，并能分析坐标轴上及某些特殊点的坐标的特征。从实际情境出发，经历平面直角坐标系的建立以及点的特点的探究，体会数形结合、分类思想的运用。

二、教学过程设计

第一环节 情境引入，发现新知

【教学内容】

（一）情境引入

1. 如图：公园、家、超市在一条东西走向的直线上，公园距家 4 千米，超市距家 3 千米，请你以家为参照物，表示出公园和超市的位置。

（1）超市：＿＿＿＿＿千米；公园：＿＿＿＿＿千米。

（2）归纳：直线上一个点的位置由＿＿＿＿＿个数据来确定。

2. 一艘快船从甲港开往乙港，航行路线如图：

（1）乙港在甲港的＿＿＿＿＿＿＿＿偏＿＿＿＿＿＿＿＿的方向上，距离甲港＿＿＿＿＿＿＿＿海里。

（2）归纳：航海中知道＿＿＿＿＿＿＿＿和＿＿＿＿＿＿＿＿便可确定物体的位置。

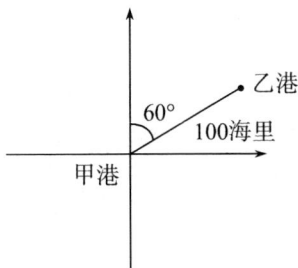

3. 地图上青岛大约位于 北纬 36°，东经 120°。

（1）根据地图确定青岛的位置。

（2）归纳：地图上常常用＿＿＿＿＿＿＿＿和＿＿＿＿＿＿＿＿来确定位置。

4.在图上

（1）用数对表示超市、花园和书店的位置。

（2）归纳：生活中可用 _____ 表示物体的位置。

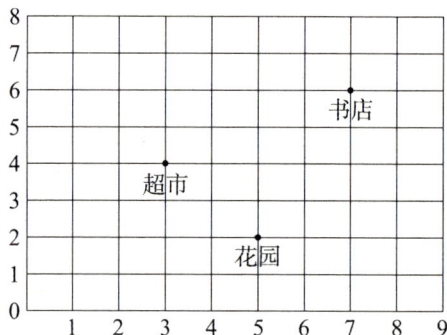

（二）思考新知

结合思维导读，思考、交流、完成填空。

位置确定 ——┌── 点在直线——需要（　　）个数据——有哪些方法：
　　　　　　 └── 点在平面——需要（　　）个数据——有哪些方法：

【设计意图】通过生活中的问题引入，引导学生感知生活实际中位置的表示方法，提炼、归纳点在直线上和点在平面上表示位置，需要的数据个数不相同。

【教学策略】学生通过独立思考、合作交流完成问题后，教师类比数轴提出问题，直线上确定一个点的位置可借助数轴，平面内确定一个点的位置我们可以借助什么？

第二环节　问题解决，形成新知

【教学内容】

探究活动1

平面直角坐标系的建立。

1.如果书店在家的东5千米，北3千米处。

2.车站在家的西4千米，北2千米处。

3. 学校在家的西 3 千米，南 1 千米处。

4. 银行在家的东 2 千米，南 3 千米处。

5. 你能找到它们的位置么？在图上标出并表示出它们的位置。

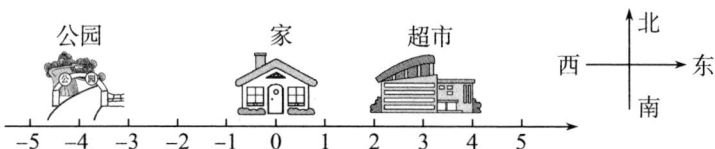

【设计意图】学生体会平面直角坐标系概念的生成过程，体会相比于其他方法的简明。

【教学策略】学生通充分思考在图中表示出书店、车站、学校和银行的位置的方法，教师巡视，寻找教学资源并适时点拨，生成新知。

1. 预设学生资源：

①利用东北方向直线确定书店位置的资源，强调正北方向所在直线与正东方向应是垂直的。

②引导学生体会每次确定位置的烦琐性，可将竖直直线都合并成一条么？

③竖直方向的直线合并成一条，应该建立在哪里？

④体会位置表示的烦琐，有没有更好的方法？

2. 生成平面直角坐标系、x 轴、y 轴和坐标原点的概念。

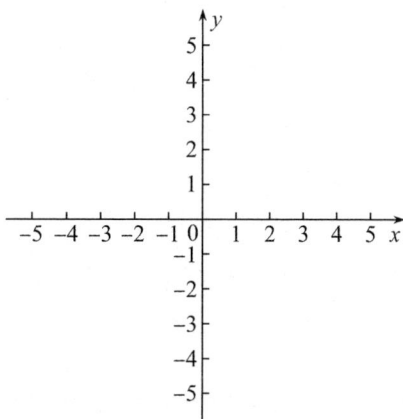

在平面内，两条互相垂直且有公共原点的数轴组成平面直角坐标系。

通常取向右和向上的方向为两条数轴的正方向。

水平的数轴叫 x 轴或横轴。

竖直的数轴叫 y 轴或纵轴。

x 轴和 y 轴统称坐标轴。

它们的公共原点 0 称为直角坐标系的原点。

【教学内容】

探究活动 2

平面直角坐标系中确定点的位置的方法。

1. 在方格纸上的平面直角坐标系中给出几个点，让学生表示出各点的位置。

2. 交流点的位置的表示方法。

3. 若去掉方格纸，点 P 为平面直角坐标系中的任意一点，则如何确定这个点的位置？

【设计意图】学生自己体会点的位置如何确定更加简明，引出坐标等相关概念。

【教学策略】学生独立完成，全班交流，相互补充，教师点拨思路并引出坐标、横坐标、纵坐标的定义。

探究活动 3

探索平面直角坐标系各象限内的点、坐标轴上点的坐标特点。

1. 在方格纸上的平面直角坐标中尽量多地点出一些点。

2. 观察不同区域内点的符号特点。

【设计意图】学生自我体会点的位置的区域性，理解象限的概念，明确象限及坐标轴上点的坐标特点。

【教学策略】学生独立完成，全班交流，相互补充，教师点拨并板书汇总归纳学生发现。

预设教学资源：

象限定义以及第一象限、第二象限、第三象限、第四象限的位置。

x 轴和 y 轴不属于任何一个象限，原点是两坐标轴的公共点。

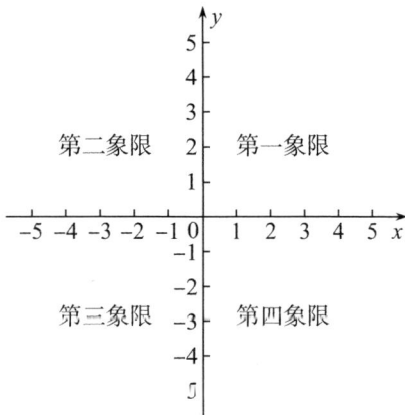

归纳：

1. 象限内点的坐标特点。第一象限：（正，正）；第二象限：（负，正）；第三象限：（负，负）；第四象限：（正，负）。

2. 坐标轴上点的坐标特点。$P(a, b)$；x 轴上：$(a, 0)$；y 轴上：$(0, b)$。

第三环节 互为考官，活学活用

【教学内容】

学生同位之间互相给对方出题。

1. 每人在平面直角坐标系中描出 5 个点，交换试卷，对方写出这 5 个点的坐标后，互相批改订正。

2. 每人写出 5 个坐标，交换试卷，对方在平面直角坐标系中描出相应的点后，互相批改订正。

【设计意图】由点写出坐标，由坐标会描点，巩固所学知识。第一组结束后，鼓励出题时注意点的位置要有多样性。

【教学策略】答题结束后，互相订正，请一组同学实物投影演示。

第四环节 课堂小结，建构体系

【教学内容】

1. 本节课我们都学到了什么？

2. 完成下列图表。

数轴上的点 ——（____）—— 实数

平面直角坐标系中的点 ——（____）—— 有序实数对

点的位置		坐标特点 $P(x, y)$
象限内	第一象限	
	第二象限	
	第三象限	
	第四象限	
坐标轴	x 轴	
	y 轴	

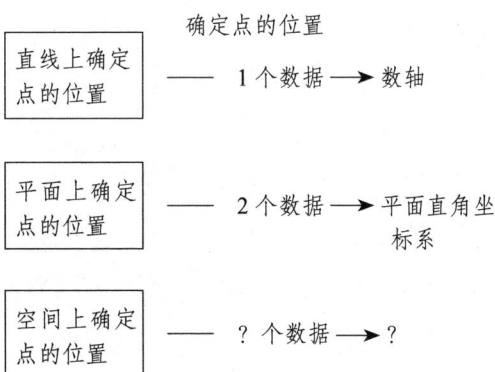

确定点的位置

直线上确定点的位置	—— 1个数据 ——▶ 数轴
平面上确定点的位置	—— 2个数据 ——▶ 平面直角坐标系
空间上确定点的位置	—— ?个数据 ——▶ ?

【设计意图】回顾本节课所学，形成确定位置的方法，起始建构平面直角坐标系的知识体系。

【教学策略】小组交流充分回顾本节课所学，完成图表后再次交流，查缺补漏。

三、"图形与几何"性质（判定）课型篇

在"图形与几何"的广阔学习领域中，性质的掌握与判定技巧占据着举足轻重的地位。它们不仅是"图形与几何"领域的核心内容，更是塑造我们逻辑思维和解决问题能力的关键。当我们一层层地深入研究"图形与几何"的性质（判定），如平行线、（特殊）三角形、（特殊）平行四边形、全等、相似的性质（判定）时，我们实际上是在构建一座通往更高级数学概念的桥梁。这些基础知识如同基石，稳固地支撑起我们后续学习的每一步。

同时，通过图形的判定学习，我们学会了如何运用逻辑推理来验证几何命题的正确性。这种能力不仅在数学学习中至关重要，更在日常生活和工作中发挥着不可替代的作用。它教会我们如何分析问题、提出假设并验证结论，是成为一名优秀思考者的必备素质。

"图形与几何"性质（判定）的学习不仅关乎数学学科的发展，更与我们的个人成长和职业发展紧密相连。因此，我们应当高度重视这一领域的学习，努力掌握其中的精髓。

（一）教学法细化实施策略

"图形与几何"分为"图形的性质""图形的变化""图形与坐标"三个主要分支。"图形的性质"在图形概念的基础上，重点研究图形的性质和判定，体现了抽象能力、几何直观和推理能力等素养，源于生活，抽象获取图形，是形成几何图形的主要手段；观察图形，直观想象是形成图形性质（判定）猜想的重要途径，运用定义、公理、定理进行逻辑推理，是确定图形性质（判定）的核心关键。

"图形的变化"在概念形成的基础上，重点研究图形变化的性质和判定，

同样体现了抽象能力、几何直观和推理能力等素养。通过生活中的具体实例，抽象出图形变化。依托几何直观观察、发现图形变化的性质，运用逻辑推理得到图形变化的性质（判定）的合理性。

"图形与坐标"主要体现出数与形的统一，在性质的探究中主要体现运算能力、抽象能力、模型观念和几何直观等素养。如建立直角坐标系解决实际问题，体现模型观念；将现实生活中物体放在直角坐标系中研究，体现抽象能力；观察坐标系中的具体位置，体现数学的几何直观，运算图形平移后坐标的变化，体现运算能力，进而建立图形变化与坐标变化的对应关系，形成"图形与坐标"的性质。

通过分析，我们不难发现"图形与几何"性质（判定）学习的逻辑过程：源于生活，获取几何图形或图形变化；在平面中或坐标系中，观察几何图形或图形变化，形成性质（判定）猜想；整合猜想，运用逻辑推理进行证明；将证明后的结论概念、归纳形成性质（判定）；进行灵活、综合应用，加强对性质（判定）的深入理解和"图形与几何"知识的全面建构。具体步骤如下。

第一步：引导学生结合定义、图形和已有的其他图形知识，对图形性质（判定）展开全面的猜想，可以借助位置关系和数量关系两方面进行猜测。第二步：整合学生的各类猜想，形成全班进行探究的教学资源，引导学生用表格形式规范地写出猜想，从而明确"已知"和"猜想结论"之间的逻辑关系。第三步：从"已知"到"猜想结论"，采用"归纳"或者"演绎"的方法进行证明，将方法明确到表格中，结合证明结论，归纳性质，并用规范的文字和符号语言进行表述。第四步：整理表格，回顾总结图形的全部性质。第五步：根据学情，灵活应用以加深对性质（判定）的理解，综合应用以建构"图形与几何"的知识体系。教学法细化实施策略逻辑流程如图5-3所示。

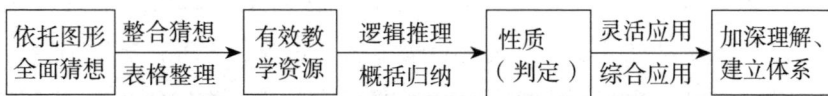

图5-3 "图形与几何"教学法细化实施策略逻辑流程

表5-1　图形性质（判定）探究表格

猜想	图形	途径（方法）	结论（文字）	符号语言	备注
已知：					
求证：					
已知：					
求证：					
……					

（二）"图形的性质"板块性质（判定）教学策略

1. 探索直线平行的条件

探索直线平行的条件为探索三角形全等的条件，从探索路径和研究方法上奠定了经验基础；为后续丰富的命题证明，从内容和方法经验上也做了重要的铺垫。本节课以前，学生已经通过观察或操作认识了线与角、平行与相交，积累了一定的数学活动经验。学生对两条直线的平行关系有了初步的认识。但仅限于感知层面，对于如何判断两条直线平行，缺乏相关的知识。

因此，学生在本节课中，认知难点有两个：一是学生在本节课首次操作归纳认识几何图形，但学生的不完全归纳思想是朴素的，易通过直观观察个例轻信数学事实。要让一般性结论有归纳基础，就要引导学生有序、全面地进行不完归纳。二是学生习惯于直观认识几何图形，能直接观察得出结论，容易忽略结合已学知识进行推理。为实现向演绎推理的过度，要启发学生结合已学知识说理。需要引导学生通过操作探索归纳几何图形性质，尝试简单的三段论说理，开始从有条理的口头表述逐渐过渡到符号书写的推理过程，发展空间观念、推理能力和有条理地表达的能力。

本节课创设生活情境，学生依据生活经验自主生成模型中的"第三条线"，进一步抽象出"三线八角"模型。再通过数学思考，学生结合已学知识"观察—分析—类比"分析模型，选择研究对象，生成研究方法。最终操作验证，学生利用教具探究归纳结论。然后放手让学生进一步探究有关平行线的结论，教师启发学生结合已学知识说明所得结论。最后将枯燥的说理变为有趣的折纸游戏，在玩中、做中向演绎推理过渡。

2."三角形内角和定理"

三角形的知识在"图形与几何"的教学中有着重要的地位。本节课前学生对于平行线的判定定理和性质定理以及与平行线相关的简单几何证明是比较熟悉的，他们已经具有初步的几何意识，形成了一定的逻辑思维能力和推理能力。本节课的设置旨在利用平行线的相关知识来推导出新的定理以及灵活运用新的定理解决相关问题。它既是对平行线的证明、平角的定义的复习，又是对三角形角与角知识的一次探讨，为后一节我们学习多边形的内外角知识做好了必要的基础知识准备，起到了承上启下的重要作用。

所以本节课既可以看作三角形性质的探究课，也可以看作平行线性质（判定）的数学应用课。

本节课首先回顾小学以及七年级三角形内角和定理的验证，激发学生本节课正式对该定理进行证明的兴趣，为本节课的探究做好铺垫。其次，在教师的引导下，学生通过合作探究，充分经历证明的过程，交流展示多种证明三角形内角和定理的方法，培养推理能力。再利用一个实际情境中的问题让学生学会利用三角形内角和解决实际问题，体会数学在生活中的应用，培养应用意识。

教学过程中，教师不把现成的结论和方法直接告诉学生，而是引导学生在独立思考、自主探究的基础上归纳结论，激发学生的探索精神和求知欲望。教学设计是在学生已有的三角形性质认知的基础上，引导学生开展观察、类比、讨论、归纳探究活动，在活动中向学生渗透模型思想，帮助学生形成一定的分析能力。拓展思路，培养一题多解、举一反三的能力。

课例：三角形内角和定理

一、课时目标

掌握三角形内角和定理的证明及简单应用，灵活运用三角形内角和定理解决相关问题，对比撕纸等探索过程，体会思维实验和符号化的理性作用。

二、教学过程设计

第一环节　复习回顾

【教学内容】

三角形三个内角的和等于180°，你还记得这个结论的探索过程吗？

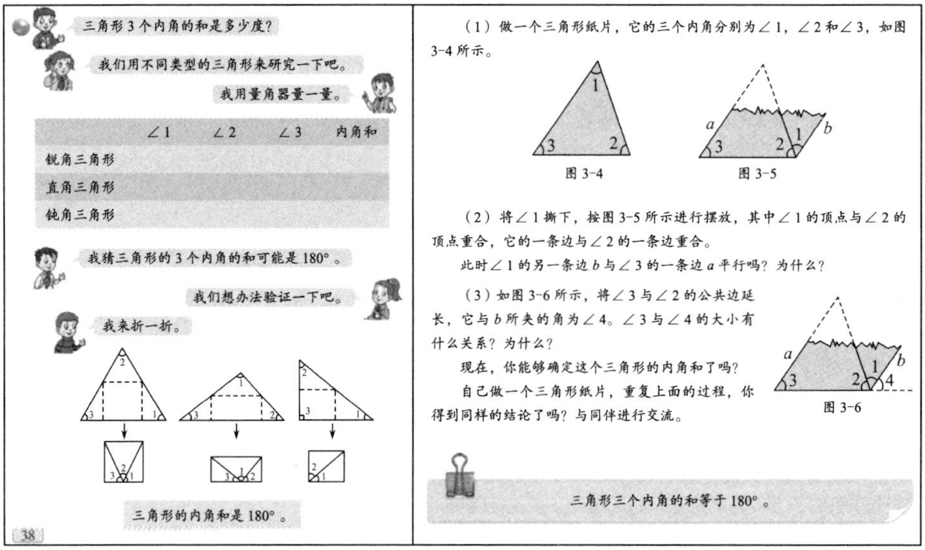

【设计意图】教师引导学生回忆在小学和七年级的数学学习中分别利用测量、折叠和剪拼的方法对三角形内角和定理验证的过程，引发学生对课程内容的困惑：既然之前已经学过三角形内角和定理，为什么本节课还要继续学习？进而引入本节课的学习内容：利用逻辑推理证明三角形内角和定理。

【教学策略】教师有条理地与学生共同梳理过去对三角形内角和180°的验证方式，在学生回忆的过程中，点明过去的测量、折叠、剪拼等方式均为对定理的"验证"，若要完全说明定理的真实性，应该使用严格的证明。另外教师还应说明过去折叠、剪拼的方式本质上都可以看作对原三角形进行"移角"，进而构造出平角，为学生接下来沿用同样的思想，采用构造平行线的方式"移角"做好思维上的铺垫。

第二环节　探究新知

【教学内容】

探究活动1

结合拼图验证内角和180°的思路和学过的几何知识，不撕角如何同样达到移角效果？思考、交流，尝试证明三角形内角和180°。

【设计意图】从"剪拼移角"到"推理移角"的变化，本质上就是引导学生对三角形内角和定理从直观感知层面的认识上升到演绎证明层面的认识，使学生体会数学学科的严谨性。通过构造平行得到角相等，从而达到"不撕角"也可以"移角"的效果，锻炼了学生转化的数学思想，培养了学生的抽象能力和几何直观等核心素养。

本活动中，学生通过构造平行线证明三角形内角和定理的过程，也为后续引出更多方法进行证明做了铺垫。

【教学策略】

1.直观形象的"撕角"示意图的展示，可以对学生通过过点 A 作 BC 平行线，利用内错角或者同旁内角的关系证明定理的方法的得出有启发作用，从而推动课堂的流程，培养学生的抽象能力、几何直观等核心素养。

2.教师先让学生独立思考，然后请学生代表说明大致证明思路，以保证所有学生都掌握基本思路，再引导所有同学完成证明过程。

3.在学生开始着手证明定理时，教师应引导学生先利用数学语言梳理出定理的"已知"与"求证"后再进行规范证明，进一步帮助学生理清条件和问题，清晰思路，提高学生解答证明题时格式的规范度。

4.当学生提出"过点 *A* 作 *AD* ∥ *BC*"时，教师及时提问："你认为可以过点 *A* 作 *BC* 平行线的依据是什么？"引导学生想到"过直线外一点，有且仅有一条直线与已知直线平行"，让学生体会到辅助线的做法要有理有据，从而尽量减少后续学生在证明题目中构造辅助线时表述不清甚至构造错误的问题。

【教学内容】

探究活动 2

还有其他的证明方法吗？思考、交流、汇总，看哪个小组找的方法多。

【设计意图】通过让学生类比活动 1 中的证法，继续思考定理的其他证法，收集整理出大量证明资源，巩固学生对定理证明方法的认识和掌握，便于学生后续归纳出构造平行线证明三角形内角和定理的系列方法。

【教学策略】

1.大部分学生的证明过程将类似活动 1 中的证法，即过三角形其中一个顶点作该点对边的平行线，从而利用角的关系证明出定理。此时教师要在巡视过程中善于发现学生的独特做法，当发现有过三角形一边上一点作另外两边的平行线，甚至是过三角形内部或外部一点作三边的平行线的做法时，要及时加以鼓励并展示，使学生体会到解决该问题的本质就是通过构造平行线，得到与三角形内角相等的角，最终将角"移"到一起，组成 180°。

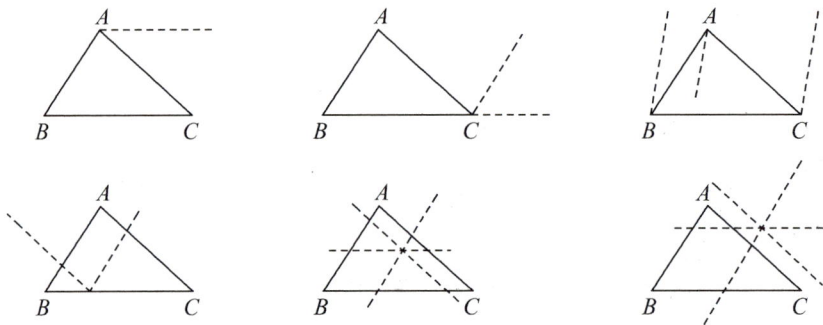

2.利用小组合作竞赛的形式，充分发挥学生主观能动性，促使学生全员参与，提升学生的学习积极性。

第三环节　学以致用

【教学内容】

探究活动3

该图是 A，B，C 三岛的平面图，C 岛在 A 岛的北偏东 50° 方向，B 岛在 A 岛的北偏东 80° 方向，C 岛在 B 岛的北偏西 40° 方向。从 C 岛看 A，B 两岛的视角 $\angle ACB$ 是多少度？

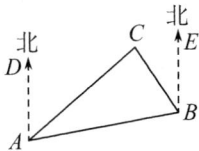

先独立思考，再小组交流，看看那个小组的办法多。

【设计意图】探究活动3是对本节课所学三角形内角和定理的内容以及三角形内角和定理证明方法的巩固，同时考查学生从特殊的生活情境中抽象出更一般化的数学几何图形的能力。

【教学策略】本活动以实际情境为背景，引导学生进一步体会数学的实用性，培养学生的应用意识和一题多解的思维能力。

第四环节　总结反思

【教学内容】

请你结合以下角度谈谈你本节课的感受。

1.你学到了哪些知识？

2.你学到了哪些研究问题的方法？

3.给你感受最深的是什么？

4.你还有哪些思考和想法？

【设计意图】帮助学生梳理本节课的知识与方法要点，提炼解决问题的方法，形成知识体纳入学习系统，并展望未来的学习内容。

【教学策略】先由学生积极思考，勇敢表达，然后教师再从知识上以及方法上对本节所学进行升华。

3. "平行四边形的判定"

平行四边形的判定承接平行线、三角形、平行四边形性质的学习，对平行四边形的判定进行研究，从探究路径、研究策略上奠定知识与方法，为后续特殊四边形的学习做方法上的铺垫。

平行四边形作为合情推理与演绎推理融合发展的图形载体，学生在本课中"边探索、边证明"，加深对合情推理与演绎推理各自作用的认识，发展推理能力、有条理地表达的能力。

本节课学生先基于已有探索经验，自主探索、发现、猜想平行四边形的判定，再利用木棒操作验证命题，最后证明命题。典例精析关注方法多样性，在生生互评中优化证明方法，重点发展推理能力。教学设计使学生能够积极主动地参与到课堂活动中，通过直观观察、操作分析、归纳证明形成认识，充分发挥他们作为认知主体的作用。

（三）"图形的变化"板块性质（判定）教学策略

"相似三角形"是几何学中的基石，更是连接"图形的变化"这一广阔领域的桥梁。它们不仅具有形状上的相似性，更蕴含着深刻的数学规律与性质。当两个三角形的三边对应成比例，并且三个角分别相等时，我们称这两个三角形为相似三角形。这一性质使得相似三角形在解决实际问题时展现出极大的灵活性。例如，在地图制作、建筑设计以及许多工程领域中，我们常利用相似三角形的性质进行比例尺的计算、距离的估算。此外，相似三角形还引出了许多重要的定理和推论，如相似三角形的对应高、对应中线、对应角平分线以及对应边上的中线都互相平行且成比例。这些性质不仅丰富了我们对相似三角形的理解，也为解决更复杂的几何问题提供了有力的工具。

本节主要研究相似三角形对应高的比、对应角平分线的比、对应中线的比都等于相似比这一性质。通过两个相似三角形对应线段比等于相似比的讨论，引导学生感受"相似三角形对应线段的比等于相似比"。

学生在之前学习了全等图形的判定和性质，对全等三角形的对应边的比已有所了解。本章又学习了相似图形的判定条件，对相似图形，特别是相似三角形已有一定的认识。通过前面的学习学生已经经历了一些对于相似三角形性质的探究。例如，利用相似三角形测量旗杆的高度等实际问题，感受到了数学的实际价值，利用相似三角形的性质解决问题的活动经验。

课例：相似三角形的性质

一、课时目标

学生观察，整体发现和猜想相似三角形中线的比的特点；经历推理验证获得相似三角形中线的比等于相似比的性质；学会使用文字语言表达所有的性质；能用符号语言推理出对应高和对应角平分线的性质。在合作交流中，学会与人合作，培养学生主动探索、合作以及解决问题的能力。

二、教学过程设计

第一环节　回顾与积累

【教学内容】

三角形的性质	全等三角形的性质		相似三角形的性质	
边	对应边	相等	对应边	成比例 （等于相似比）
角	对应角	相等	对应角	相等
中线	对应中线	相等	对应中线	？
角平分线	对应角平分线	相等	对应角平分线	？
高线	对应高	相等	对应高	？
周长	周长	相等		
面积	面积	相等		

【设计意图】

1.本节课所探究的知识与之前所学的知识密不可分，通过复习已学知识，为本节课的学习奠定基础。

2.学生整体感知研究一个几何图形的性质通常是从哪些方面入手，从而引出本节课所要解决的问题。

【教学策略】学生回忆已有知识，为本节课的探究打好知识基础和学法基础。

第二环节　探究新知

【教学内容】

探究活动1

猜想结论

你认为相似三角形的对应中线、对应角平分线和对应高有何特点？试着猜想一下它们的数量关系。

【设计意图】此环节让学生充分想象，抽象出答案。

【教学策略】

1.教师应适时引导，用全等或相似的纸片加以演示，提示学生因为相似三角形的对应边成比例，那么它们的对应线段也可能成比例。

2.学生猜想对应中线、对应角平分线和对应高的特点，然后同位间互相交流，并试着说出猜想的理由。

3.梳理猜测：①相似三角形对应中线的比等于相似比；②相似三角形对应角平分线的比等于相似比；③相似三角形对应高的比等于相似比。

4.教师板书猜测的结论。

【教学内容】

探究活动2

验证特例

选取其中一个猜想进行验证——相似三角形对应中线的比等于相似比。

（1）请根据你的猜想，写出已知和求证。

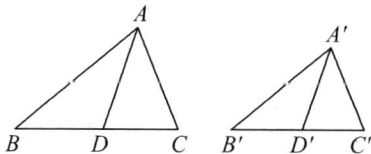

（2）简要写出证明思路，并进行小组交流。

【设计意图】此环节明确研究目标，限制一个特殊的实例加以验证。教师确定某个研究对象，有利于学生有针对性地经历探究和验证猜测的过程，然后再由特殊到一般，最终归纳出所有情况，得出结论。条件不仅仅是三角形相似这一个，还有对应边上的中线。学生在对比中获取最佳的已知条件的写法，重在全面和规范培养学生选择最佳求证的意识，同时也为思考如何证明做好铺垫。通过全体学生都测量的方法，让所有学生经历这种基本验证方法，然后再上升到理性分析的程度，从比较中得出哪种方法更确切及更有说服力。

【教学策略】学生先独立思考，然后同位互动，确定两种验证方法：测量法，推理证明法。

展示学生不完整的已知写法，比较中得出结论。学生板书几种求证的写法，相互比较，确定最佳写法。学生叙述大体步骤即可，教师应适时地给予点拨；要学生充分思考，确定三种证明三角形相似的方法中最适合的一种。学生先口述证明过程后再独立完成证明过程，投影展示学生答案。完成一组证明后，教师追问：还有两对对应中线呢？它们的比是否也等于相似比？分小组讨论这两个问题，说明结论和理由。

【教学内容】

探究活动 3

分组证明

1. 单数组员负责验证——相似三角形对应角平分线的比等于相似比。

双数组员负责验证——相似三角形对应高的比等于相似比。

2. 验证后，将过程进行同位交流，看哪个小组能完整地说明这两个结论的正确性。

【设计意图】检验学生对学习收获的掌握情况，同时生成新的两个性质。

【教学策略】教师巡视，注重培养学生严谨的证明书写习惯，培养逻辑思维能力，强调验证的全面性和严谨性。

学生独立经历完整的验证过程：画图——确定条件和结论——写出已知

求证的符号语言——选取合适的证明路径——书写证明过程等思路。同位交换验证过程，并全面分析其他图形（直角、钝角等），得到最终结论。

第三环节　课堂总结

【教学内容】

1.本节课你经历了哪些探究过程？

2.你用到了哪些解决问题的方法？

3.补充课前表格，并猜想相似三角形周长和面积会有怎样的特点？

三角形的性质	全等三角形的性质		相似三角形的性质	
边	对应边	相等	对应边	成比例（等于相似比）
角	对应角	相等	对应角	相等
中线 角平分线 高线	对应中线 对应角平分线 对应高	相等 相等 相等	对应中线的比 对应角平分线的比 对应高的比	都等于相似比
周长	周长	相等	周长	？
面积	面积	相等	面积	？

【设计意图】整理知识结构，从知识、能力方面多角度反思、交流本节课收获，积累数学活动经验，展望后续学习，明确探究方向。

【教学策略】引导学生充分讨论，相互补充，点拨学生从知识、方法上充分回顾、交流。引导学生大胆猜想，并形成解决问题的路径，为下节课学习和今后类似问题的解决建立学习结构。

第六章

"互动生成，内在建构"教学法在 "统计与概率"教学中的应用

一、"统计与概率"的整体结构

以《义务教育数学课程标准（2022年版）》为研究范围，《课程标准》的"课程内容"第四学段将"统计与概率"分为两个分支，共有13个知识点。其中，抽样与数据分析有11个知识点，随机事件的概率有2个知识点。

细化分析"统计与概率"的知识点，包含概念的知识点有4个，包含分析操作的知识点有12个，包含计算的知识点有4个（部分知识点的描述有重叠，包含概念、操作、计算和分析），突出体现了初中数学核心素养所要求的数据观念、模型观念、应用意识、创新意识。

根据整体分析可以看出"统计与概率"与"数与代数"和"图形与几何"相比，知识点较少，但是内容依然很重要，主要围绕着实际问题中数据的收集、整理（包括统计中的表格、统计图和概率中的列表格、树状图）、计算、分析、预测等，"统计与概率"领域的学习，帮助学生感悟从不确定性的角度认识客观世界的思维模式和解决问题的方法，初步理解通过数据认识现实世界的意义，感知大数据时代的特征，具有紧跟时代发展的重要意义。

"统计与概率"从整体来看，"抽样与数据分析"的知识内容包含随机抽样、数据收集、数据整理、数据分析（数据集中趋势的计算和分析、数据离散程度的计算和分析）、解释结论与预测趋势，在教学时教师的教学设计和学生的学习路径，可以据此建立起一定的学法结构；"随机事件的概率"的知识内容包括简单随机事件、列出所有结果和随机事件结果、了解并求出随机事件

概率以及通过大量实验，用频率估计概率。

"统计与概率"整体结构如图 6-1 所示。

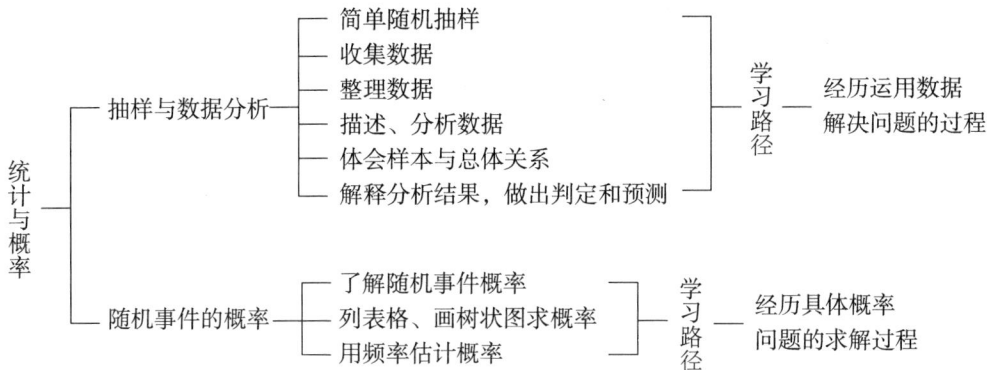

图 6-1 "统计与概率"的整体结构

二、"统计"课型篇

初中阶段"统计与概率"领域包括"抽样与数据分析"和"随机事件的概率"两个主题。

抽样与数据分析的教学应当以现实生活中的实例为背景，引导学生理解抽样的必要性，知道要根据研究问题的需要，选择恰当的方法收集数据，会用简单随机抽样的方法；引导学生通过对实际问题中数据的整理与分析，认识数据的数字特征各自的意义与功能，理解平均数、中位数、众数如何刻画数据的集中趋势，理解方差如何刻画数据的离散程度，理解四分位数如何刻画数据的取值特征，会用样本数据的数字特征分析相关问题；引导学生通过对实际问题中数据的分类，了解数据分类的意义和简单的数据分类方法，知道几种统计图各自的功能，会选择恰当的统计图表描述和表达数据，能根据样本数据的变化趋势推断总体的变化趋势。在这样的过程中，让学生感悟数据分析的必要性，形成和发展数据观念和模型观念。

（一）教学法细化实施策略

初中数学阶段的统计内容为义务教育数学课程的重点组成部分，通过学习，学生初步理解通过数据认识、分析现实世界的意义，发展数据解决问题的观念。为了使新课标所规定的目标落地生根，教学中以学生为中心，引导他们积极思考，主动探索，充分利用统计量的提炼过程，设计一些更富有启发性的探究活动。

对于"统计"教学，无论何种版本的教材，基于实际生活情境、解决生活实际问题都是统计教学中不可缺少的教学设计。基于此，对于统计的教学，具备条件的教师，可以结合区域学情和实际特点，打破常规教学，设计合理的项目式学习，并在项目学习和完成过程中贯穿、渗透、使用互动生成的教学理念，能够有效地提高学生的学习兴趣和理解、应用水平，提升统计的教学实效性。

项目式学习基本流程如图 6-2 所示。

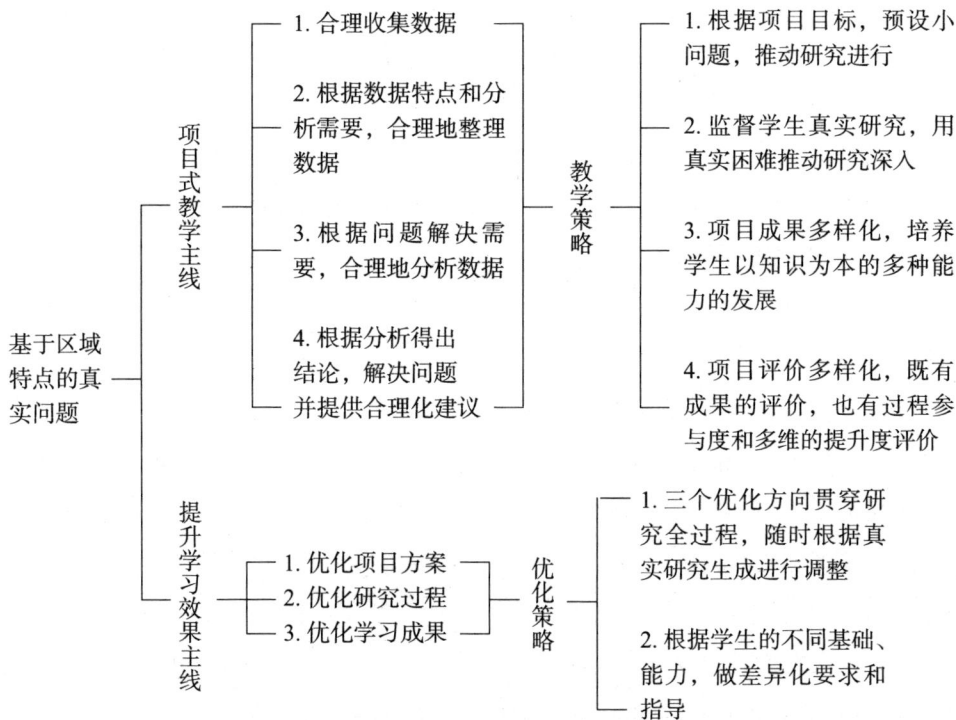

图 6-2 "统计"教学中的项目式学习基本流程

应用教学法的逻辑结构如图 6-3 所示。

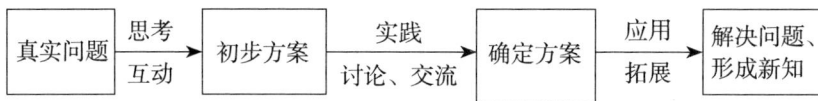

```
┌──────┐ 思考  ┌──────┐ 实践     ┌──────┐ 应用  ┌────────┐
│真实问题│─────→│初步方案│─────────→│确定方案│─────→│解决问题、│
│      │ 互动  │      │讨论、交流 │      │ 拓展  │形成新知 │
└──────┘      └──────┘          └──────┘      └────────┘
```

图 6-3 "统计"应用教学法的逻辑结构

（二）"统计"教学策略

数据离散程度的教学是统计教学中的难点所在，突出难点就是统计量：方差的意义的生成和理解。

本课时教学内容是用样本的极差、方差、标准差估计总体的离散程度。通过"差""绝对值""平方"三种运算对两个样本数据进行分析，体验方差概念的形成过程，以及用样本的数字特征去估计总体的统计思想，发展学生"数据观念"这一核心数学素养。为下一课时极差、方差和标准差在实际情景中的应用以及高中阶段学习"总体离散程度的估计"打下坚实的基础。

1. 构建合理的逻辑过程，强化数据分析的基本思路

（1）通过一个仅由数据的集中指标难以解答的典型问题搭桥引渡，促使学生拓展思路，在原有知识的基础上做出较为自然的选择，想到借助统计图（散点图）考察数据的稳定性。

（2）不直接给出方差公式，而是运用几何直观手段启迪想象，使学生通过直觉联想，从散点图上直接找出反映每个数据点离散状况的量及其表达式，再因势利导，考察这组表达式的集中趋势，得到反映所有数据点平均离散状态的综合表达式，并以此为铺垫拾级而上，逐步提炼方差公式。另外，从看图感知离散程度的定性研究向借助计算具体确定离散程度的定量研究过渡的过程也培养了学生几何直观、数据观念等核心素养，培养了学生研究问题的严谨性和科学性。

2. 注重对数据离散的意义进行刻画，打牢离散程度的量化根基

对于数据离散的意义和内涵学生不易理解，所以不仅应通过具有辩证性质的动态散点图模型把复杂的问题形象化，变深奥为浅显，便于学生由浅入深地理解与把握；还要培养学生在比较、发现中螺旋上升的数据分析能力，在此框

架下组织学生互动交流，启发他们从不同的侧面深刻领悟数据离散的意义，进而得出反映数据离散情况的不同量化标准及量化表达式，最后择优而选得到结论。

总之，教学过程中，教师不把现成的结论和方法直接告诉学生，而是引导学生在独立思考、自主探究的基础上归纳结论，激发学生的探索精神和求知欲望。教学中不断进行有益的探索和新的尝试，旨在让学生知道为什么要学习方差，方差计算程序是怎么来的，进而揭示方差的本质，让学生经历方差概念学习的形成过程，提升学生的数据分析观念和思维能力。

三、"概率"课型篇

"随机事件的概率"，需要能描述简单随机事件的特征，能用列表、画树状图等方法求出简单随机事件所有可能的结果以及指定随机事件发生的所有可能结果，能计算简单随机事件的概率；知道经历大量重复试验，随机事件发生的频率具有稳定性，能用频率估计概率；体会数据的随机性以及概率与统计的关系；能综合运用统计与概率的思维方法解决简单的实际问题。

（一）教学法细化实施策略

"随机事件的概率"的教学要从小学阶段的定性描述逐渐走向初中阶段的定量分析，通过真实问题情境，引导学生感悟随机事件，理解概率是对随机事件发生可能性大小的度量；引导学生认识一类简单的随机事件，其所有可能发生结果的个数是有限的，每个可能结果发生的概率是相等的，在此基础上了解简单随机事件概率的计算方法；或者通过真实问题情境，引导学生合作完成大量重复试验，发现随机事件发生频率的稳定性，感悟用频率估计概率的道理，会用频率估计概率。

应用教学法的逻辑结构如图6-4所示。

图6-4 "概率"应用教学法的逻辑结构

（二）"概率"教学策略

在概率教学中，随机事件占据着举足轻重的地位。它不仅是概率论的基础，更是连接理论与实践的桥梁。通过探讨随机事件，学生能够深入理解概率的本质——不确定性中的规律性。

随机事件的学习有助于学生培养辩证思维，认识到事物发展的多样性和复杂性。同时，它也能激发学生的探索欲和求知欲，引导他们通过数据收集、实验观察等方法，揭示随机现象背后的统计规律。

此外，随机事件在日常生活和科学研究中无处不在，掌握其相关知识对于解决实际问题具有重要意义。因此，在概率教学中，我们应高度重视随机事件的教学，让学生在掌握理论知识的同时，也能将其灵活应用于实际情境中。

课例：等可能事件的概率

一、课时目标

了解必然事件、不可能事件、确定事件、不确定事件、等可能事件等概念，会求确定事件和等可能事件的概率，在实际问题情境中感受事件发生的可能性的大小，初步运用对比法，确定事件与不确定事件的区别与联系，进一步发展概率意识。

二、教学过程设计

第一环节　感知材料，形成概念

阅读下列事件，请按照某一标准将它们分类。

（1）今天星期天，明天星期一。

（2）随意掷一枚质地均匀的正方体骰子（每个面分别标有数字1、2、3、4、5、6），掷出点数是10。

（3）一副扑克牌共有54张，洗匀后随意抽出一张牌，抽到的是黑桃 A。

（4）班里有37名同学，老师用电脑随机抽学号，抽到的学号是7号。

（5）盒子里装有红球和白球，它们除颜色外完全相同。小明从盒中任意摸出一球，摸出的是红球。

（6）如图1所示，转盘被等分为6份，其中4份白色，2份蓝色，转动转盘，指针停止后，指向白色区域。

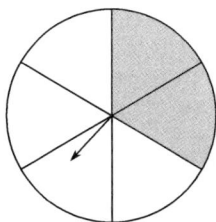

图1

（7）掷一枚硬币，有国徽的一面朝上。

（8）早上的太阳从西方升起。

（9）如图2所示，转盘被分为蓝白两色，转动转盘，指针停止后，指向白色区域。

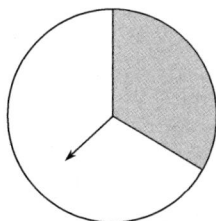

图2

（10）随意掷一枚质地均匀的骰子，掷出的点数大于4。

（11）经过有信号灯的十字路口，遇见的信号灯是红灯。

（12）课间同学追逐打闹导致有人受伤。

【设计意图】学生通过对所呈现的12个事件进行分类，初步感知必然事件和不可能事件。通过对分类后的两组材料聚类分析，引导学生明确必然事件、不可能事件、确定事件、不确定事件这几个概念。在具体问题的分析中加深对概念的理解。

【教学策略】学生对呈现的材料进行分类。

预设资源

1. 一定发生（1）；一定不发生（2）（8）；有可能发生（3）（4）（5）（6）（7）（9）（10）（11）（12）。

2. 一定发生：（1）（6）（12）；一定不发生（2）（8）；有可能发生（3）（4）（5）（7）（9）（11）。

第二环节 二次分类，深入思考

把不确定事件的序号写在下面表格的第一列。

教师在大屏幕把第（5）题改为：盒子里装有三个红球（分别标有1、2、3），两个白球（分别标有1、2），它们除颜色外完全相同。小明从盒中任意摸出一球，摸出的是红球。

1. 要想研究不确定事件的可能性，首先应研究什么？

教师以事件（3）为例引出首先要研究事件所有可能发生的结果数。

2. 每一个事件中所有可能发生的结果发生的可能性相同吗？

第（5）题分析后变式为：盒子里装有三个红球，两个白球，它们除颜色外完全相同。小明从盒中任意摸出一球，摸出的是红球——此设置的目的是突破难点，引出等可能事件的概念。

【设计意图】体会事件可能发生的结果数，在具体事件的分析过程中体会每种事件等可能的前提。

【教学策略】学生通过对事件的分析写出各事件可能发生的结果数，通过对事件的分析独立判断各事件中所有可能发生的结果数发生的可能性是否相同。

第三环节 理解新知，尝试计算

1. 要研究等可能事件的概率，还要知道什么？引出事件实际包含的结果数。

2. 写出各事件发生的可能性大小。总结等可能事件概率公式。

【设计意图】学生通过对事件的分析写出各事件实际包含的结果数并总结

等可能事件的概率公式。

【教学策略】讨论、交流计算等可能事件概率的方法。

第四环节 应用概念，练习拓展

（1）一副扑克牌，任意抽取其中的一张。

①P（抽到大王）=_____ ②P（抽到3）=_____

③P（抽到方块）=_____

（2）任意掷一枚均匀的骰子。

①P（掷出的点数是奇数）=_____

②P（掷出的点数是7）=_____。

③P（掷出的点数小于7）=_____。

（3）拓展题：某路口南北方向红绿灯的设置时间为：红灯20秒、绿灯60秒、黄灯3秒。小明的爸爸随机地由南往北开车经过该路口，问：他遇到红灯的概率是_____。

【设计意图】巩固本节课所学新知，拓展提高题帮助学生理解等可能事件与不是等可能的事件之间的关系。

【教学策略】学生独立完成（1）（2），教师巡视批改，随时查缺补漏，对学有余力的学生做（3）的要求，并进行班级方法交流。

第五环节 课堂小结，形成体系

说说本节课的感受：

1.你学到了哪些知识？用到了哪些研究问题的方法？

2.给你感受最深的是什么？还有哪些思考和想法？

【设计意图】学生梳理本节课的知识与方法，形成概率的基本知识体系，提炼计算概率的基本方法，纳入学习系统。

【教学策略】鼓励学生充分展开回顾交流，系统总结本节课学习内容，初步形成概率意识，积累数学活动经验。

第七章

"互动生成，内在建构"教学法在"综合与实践"教学中的应用

一、"综合与实践"的整体结构

初中阶段，"综合与实践"领域以问题解决为导向，整合数学与其他多门学科的知识和思想方法，让学生从数学的角度观察与分析、思考与表达、解决与阐释社会生活以及科学技术中遇到的现实问题，感受数学与科学、技术、经济、金融、地理、艺术等学科领域的融合，积累数学活动经验，体会数学的科学价值，提高发现与提出问题、分析与解决问题的能力，发展应用意识、创新意识和实践能力。

"综合与实践"的教学中，尽量采取项目式学习，让学生在真实情境中，感悟如何从数学的角度发现问题和提出问题，将现实问题转化为数学问题，经历分工合作、试验调查、建立模型、计算反思、解决问题的过程，提升思维能力，感悟科学研究的过程与方法，积累数学活动经验，逐步形成数学的核心素养。

二、"综合与实践"课型篇

初中阶段，"综合与实践"领域可以根据具体学情和区域情况开展适合的项目式学习。

（一）教学法细化实施策略

对于"综合与实践"的教学，可以采取两种方法进行教学，一类是问题解决学习方式，一类是项目式学习方式，具体流程如图7-1所示。在实际情境

中发现问题，并将其转化为合理的数学问题（或数学为主的学习项目）；能独立思考，与他人合作，提出解决问题的思路，设计解决问题的方案（设计项目学习方案进行层层探究）；能根据问题的背景，通过对问题条件和预期结论的分析，构建数学模型；能合理使用数据进行合理计算，借助模型得到结论；能根据问题背景分析结论的意义，反思模型的合理性，最终得到符合问题背景的模型解答（形成丰富的项目成果）。

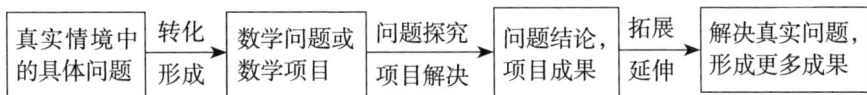

图 7-1 "综合与实践"应用教学法的具体流程

（二）"综合与实践"教学策略

1. "神奇的幻方"教学策略课例分析

"探寻神奇的幻方"是学生初中阶段接触的第一个"综合与实践"，学生此前已完成"有理数及其运算"与"整式及其加减"的学习。本节课是认识所有幻方的基础，探索的内容和方法具有一般性，为后续综合与实践课的学习提供思路。

学生此前已完成的"有理数及其运算"与"整式及其加减"的学习，为本节课幻方探究过程中的运算奠定了基础。七年级学生对于推理的认知，正处在由合情推理初步向演绎推理过渡的阶段，过去在探究日历中数字规律时，经历了由特殊到一般的过程，具备了探究规律的能力和初步的模型思想意识，为本节课幻方规律的探究做好铺垫。

课例：神奇的幻方

一、课时目标

综合运用有理数混合运算、字母表示数及其运算，探索三阶幻方的本质特征；在幻方规律的发现、幻方之间关系的探索过程中，获得由特殊到一般的数学研究活动经验，体会数形结合的数学思想；从幻方对称的图形、美妙的结论中，初步感受数学之美。

二、教学过程设计

第一环节　情境引入

【教学内容】

讲述古代"洛书"的传说。

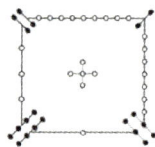

幻方：在一个方阵中，各行、各列、两条对角线上的数字之和都相等。

幻和：幻方里出现的相等的和。

教师：同学们，在神奇的数学王国里，有一座数字迷宫，那就是幻方。相传夏禹时代，大禹治水来到洛水。有一天水里浮出一只大乌龟，龟背上刻着一个十分奇特的图案，人们发现，把图案中的圆圈和黑点用数字"翻译"出来，恰巧是 1~9 这 9 个数字。这 9 个数字按照一定规律排列，就得到了一个由 9 个自然数构成的数字图。这就是世界上最早出现的幻方。古人称之为"洛书"。

"洛书"所表示的幻方是在 3×3 的方格里，填上 1~9 这 9 个数，使每行、每列、两条对角线上的 3 个数字之和都相等。像这样 3×3 的幻方称为三阶幻方。其中出现的相等的和叫作幻和。

【设计意图】通过古时有关幻方传说的介绍，激发学生对本节课的学习兴趣，引出三阶幻方和幻和的定义，引入本节课的研究课题。"洛书"的引出也为后续学生参照"洛书"构造其他幻方做好铺垫。

第二环节　活动开展

【教学内容】

1.活动1

参照"洛书"，将1~9这9个数字填入3×3的方格中，构造一个与"洛书"不同的幻方。

4	9	2
3	5	7
8	1	6

想一想：

小组合作交流，在构造幻方的过程中，你发现了哪些幻方的规律？你是怎么想的？

2.活动2

观察同学们构造的幻方，它们之间有怎样的关系？

做一做：

由1~9所组成的三阶幻方还可以有哪些情况？结合发现的规律，尝试将所有情况全部做出。

3.活动3

请再列举出9个数，将它们填入3×3的方格中，使得每行、每列、每条对角线上的3个数之和相等。

你发现了什么？

总结提炼：

原来幻方的每一个数都加上同一个数，那么图中每行的3个数、每列的3个数、斜对角的3个数相加之和仍然相等。

原来幻方的每一个数都乘同一个数，那么图中每行的3个数、每列的3个数、斜对角的3个数相加之和仍然相等。

原来幻方的每一个数都先乘同一个数，再加同一个数，那么图中每行的 3 个数、每列的 3 个数、斜对角的 3 个数相加之和仍然相等。

【设计意图】

活动 1 让学生经历构造基本三阶幻方的过程，加深对幻方的含义的理解，促使学生在构造的过程中体会、思考幻方内部蕴含的规律。所构造的幻方资源也为后续活动 2 对于幻方同构的规律探究做好铺垫。

"想一想"通过小组合作交流的形式，促使学生将构造幻方过程中体验、感知到的规律进行归纳，并用语言（最好是数学语言）表达出来，培养学生的创新能力、抽象能力、几何直观等核心素养。同时也为后续探究幻方同构的规律、穷尽幻方做准备。

活动 2 通过观察同由 1~9 这 9 个数字构造而成的多个幻方之间的关系，结合动手操作和小组讨论，引导学生发现这多个幻方本质上都可以由其中任一个幻方经过旋转或者翻折得到，即多个幻方是同构的，探究过程由数到了形，让学生感受数形结合的数学思想。接着进一步利用所发现的规律将由 1~9 这 9 个数字构造的幻方穷尽，为活动 3 对幻方规律的进一步探究做铺垫。

活动 3 通过重新选取数字构造幻方，一方面巩固所学，再次应用所探究的规律构造幻方；另一方面，通过探究新构造的幻方与由 1~9 这 9 个数字组成的幻方之间的关系，得到结论：原来幻方的每一个数都加减或乘除同一个数，那么图中每行的 3 个数、每列的 3 个数、斜对角的 3 个数相加之和仍然相等。通过活动 3，学生对于幻方蕴含的规律、构造幻方的方法等的理解和认识将上升到更高的程度。

【教学策略】

1. 活动 1 是本节课重点环节，目的在于引导学生发现三阶幻方的规律，感知构造三阶幻方的核心和关键。教师应给予学生充分的时间进行思考、讨论、质疑，教师做组织者和引导者，而不能当解答者。

2. 活动 2 中当学生对于各个幻方可以互相通过旋转或者翻折得来这一结

论理解程度较低时，可请学生上台操作来突破这一难点：引导学生用黑色白板笔把第一个三阶幻方写在透明纸上，将透明纸依次旋转 90°/180°/270°，以及翻折，让学生更加直观地理解几个幻方之间的同构关系。

3. 活动 3 中当学生发现原幻方内每一个数都先乘除同一个数，再加减同一个数后仍然能成为幻方后，会有其他同学会类似地发现，原幻方内每一个数都先加减同一个数，再乘除同一个数后也仍然能成为幻方。教师此时要鼓励学生的发现，并引导学生体会两者间的共性：幻方内每个数字先加减再乘除和先乘除再加减最终都可以将原数 x 整理成 $ax+b$ 的形式，因此，两种情况本质是相同的，合并为一种情况即可。

值得注意的是，若活动 3 中有学生设计出不属于由 1~9 九个数字构造的三阶幻方变化而来的幻方，教师也应该鼓励，并且借机提醒学生，理清逻辑关系：原三阶幻方中每个数字进行统一的加减乘除运算，得到的仍然是幻方，但并不是说所有的三阶幻方都是由原三阶幻方每个数字进行相同运算变化而来的，三阶幻方的构成可以有多重情况，感兴趣的学生可以课下继续研究，交流。

第三环节　勇敢闯关

【教学内容】

闯关 1：自行选取一组数构造一个三阶幻方，使得每行、每列、每条对角线上的三个数之和都等于 60。

闯关 2：你能用 1~9 这 9 个数，填入下图，使每条线上、每个圆周上的 3 个数字的和都相等吗？

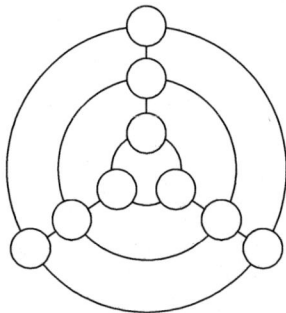

【设计意图】

闯关 1 考察基础，考验学生对于三阶幻方中蕴含的等量关系的理解，学生通过幻方和为 60 可以推出中间数为 20，进一步结合前面环节归纳出的规律就可以较为轻松地构造相应的幻方，培养学生的推理能力、创新意识等核心素养。

闯关 2 考察能力，该图形是普通的由 1~9 这 9 个数字构造的幻方的变形，学生只要看出这一点，就可以比较轻松地解决这个问题。考验学生转化的数学思想，培养学生的推理能力、几何直观、创新能力等核心素养。

第四环节　反思提升

【教学内容】

请你结合以下角度谈谈你本节课的感受。

1. 你学到了哪些知识？

2. 你学到了哪些研究问题的方法？

3. 给你感受最深的是什么？

4. 你还有哪些思考和想法？

【设计意图】帮助学生梳理本节课的知识与方法要点，提炼解决问题的方法，积累活动探究的经验和方法。

第五环节　课后作业

【教学内容】

基础：小组合作收集并整理幻方的相关资料，完成一份研究性报告。

探究：用 25 个数构造一个五阶幻方。

【设计意图】本环节设置分层作业。第一项作业巩固所学，全体同学完成；第二项作业为探究题，由于和四阶幻方相比，五阶幻方与三阶幻方在结构上更为相近，因此本题要求学生能通过类比对三阶幻方的幻和、中间数、成对的数和位置等方面的探究，对五阶幻方进行研究和构造，感受知识的迁移应用，培养学生的推理能力、运算能力、几何直观、创新意识等核心素养，由学有余力的同学自主完成。

2. "设计自己的运算程序"教学策略课例分析

本课题是一个开放性、研究性、挑战性的课题。设计意图不在于学习某个知识，而是设置一种思考、探究的氛围。让学生在活动中经历实验、观察、猜想、验证的过程，感悟解决问题的策略和方法，培养创新意识。从学科融合的角度上看，本节课能很好地与信息技术相结合。延伸出的问题能为 STEAM 课程，项目式学习、研究性学习留下探索空间。

为了培养学生的创新意识，本节课每个探究设计了四个步骤：探究实验、探究交流、探究小结、探究反思。探究实验时为提高实验效率，克服重复运算的枯燥，让每个同学都能体验探究的乐趣，教师编写了 Excel 程序供学生在 Pad 上使用。探究交流时，完全放手给学生，让学生自主交流解决探究中的问题。探究小结和探究反思环节充分尊重学生的主体地位，想说全说，能说尽说，鼓励所有学生发表自己的看法。教学设计使学生能够积极主动地参与到课堂活动中，通过直观观察、操作分析、归纳形成认识，充分发挥他们作为认知主体的作用。

参考文献

1. 吴亚萍. 中小学数学教学课型研究［M］.福州：福建教育出版社，2014.

2. 涂荣豹. 数学建构主义学习的实质及其主要特征［J］.数学教育学报，1999，8（4）：16.

3. 皮亚杰. 发生认识论［M］.北京：商务印书馆，1990.

4. 张婉婉. 建构主义学习理论在初中英语词汇教学中的运用研究［D］.上海：华中师范大学，2018.

5. 彭美秀，胡面面，徐志坚，等. 论建构主义学习理论在初中数学教学中的应用［D］.华中师范大学，2012.

6. 邵光华，章建跃. 数学概念的分类、特征及其教学探讨［J］.课程·教材·教法，2009（7）：47-51.

7. 李邦河. 数的概念的发展［J］.数学教育通报，2009（8）：1-9.

8. 林崇德. 智力发展与数学学习［M］.北京：中国轻工业出版社，2011.

9. 张奠宙. 万变不离其宗——数学欣赏：欣赏数学中的不变量与不变性质［J］.高中数学教与学，2012（1）：1-3.

10. 翁凯庆. 数学教育概论［M］.成都：四川大学出版社，2007.

11. 华婧. 在函数模型中渗透学科大概念［J］.中学数学教学参考，2022（31）：23-24.